FERRET 1978

DE LA

GARANTIE EN CAS D'ÉVICTION

EN

MATIÈRE DE VENTE IMMOBILIÈRE

PAR

Camille GRANIER,

AVOCAT.

TOULOUSE,
IMPRIMERIE A. CHAUVIN ET FILS,
RUE DES SALENQUES, 28.

—

1877

DE LA

GARANTIE EN CAS D'ÉVICTION

EN

MATIÈRE DE VENTE IMMOBILIÈRE

PAR

Camille GRANIER,

AVOCAT.

TOULOUSE,

IMPRIMERIE A. CHAUVIN ET FILS,

RUE DES SALENQUES. 28.

—

1877

PRÉFACE.

Le sujet que nous avons dû choisir pour notre dissertation inaugurale se divisera en trois parties : trois études bien distinctes de règles bien différentes de la garantie selon qu'on l'envisage dans le droit romain, dans le droit coutumier ou dans notre code civil. L'unité de notre étude se trouve cependant dans l'idée mère qui a inspiré les dispositions législatives diverses que nous allons exposer. La voici telle que nous la trouvons dans la monographie de M. Labbé :

« Dès que la civilisation d'un peuple est assez avancée pour que les acquisitions originaires n'existent plus, les transmissions de propriété sont toutes soumises à l'incertitude de la qualité

1

de l'aliénateur. Les droits préexistants d'un tiers peuvent dépouiller l'acquéreur de l'avantage promis et en apparence procuré. La victime d'un tel événement, que nous appelons, en général, éviction, peut-elle se retourner contre son auteur, et dans quelle mesure a-t-elle un recours contre lui (1)? » Tel est le sujet de notre étude.

(1) Labbé, *De la garantie.*

DE LA
GARANTIE EN CAS D'ÉVICTION

EN

MATIÈRE DE VENTE IMMOBILIÈRE

PREMIÈRE PARTIE

DROIT ROMAIN.

CHAPITRE PREMIER.

ORIGINE DE LA GARANTIE.

SOMMAIRE.

1. Origine de l'idée.
2. Perpétuité de cette obligation.
3. Origine du droit à Rome.
4. Du mot *auctoritas*.

1. La garantie, obligation imposée au vendeur d'assurer une possession utile à son ayant cause, est née de la contradiction de deux idées.

D'un côté, est-ce par le souvenir d'une communauté encore récente (1), est-ce par la nécessité de sauvegarder les droits des tiers, la propriété ne pouvait se transférer à Rome, *solo consensu*. D'autre part, quelle que soit la bizarre simplicité que les historiens font toujours régner dans les républiques antiques, il est certain que si le commerce ne fut jamais florissant, la nécessité dût promptement amener les Romains à contracter de ces échanges viciés qu'on nomme *achats* et *ventes*.

La première loi avait sa cause dans le passé ou dans un intérêt général, externe, souvent opposé à celui des contractants.

La seconde, au contraire, venait de cet intérêt même des contractants. C'était leur utilité, qui recevait du besoin, l'autorité de la loi. Cependant les Romains les respectèrent toutes deux en essayant de les concilier. Ils donnèrent bien au *pacte de vente* la force d'un contrat, et du consentement seul naquit une action (2); mais ses effets ne furent jamais une

---

(1) De Laveleye, *De la propriété*.

(2) Keller, *Civ. Proc.*, § 88, et Bekker, *De emptione venditione*, 2, ne sont pas d'accord sur le point de savoir si, même dans les temps reculés, il naissait de ce contrat *bonæ fidei* une *condictio certi*. Keller pense qu'il ne donnait lieu qu'à un *arbitrium*. Voir les auteurs qu'il cite à la note 1107 et 1108. Quant à Bekker, il ne s'est occupé que de Plaute.

aliénation directe et nécessaire. Le vendeur dut, ou transférer la propriété, ou la faire acquérir.

Cette transmission fut d'abord difficile; puis on dut la trouver moins sûre, et l'acheteur préféra acquérir la propriété par l'usucapion en enchaînant le vendeur à la réussite de son acquisition; car il était obligé *ob evictionem*.

2. Cette obligation *ob evictionem* présente un caractère tout particulier. Nous savons qu'ordinairement les actes dont l'accomplissement forcé constitue l'essence de l'obligation sont des exceptions isolées, par opposition à l'intégralité de la liberté personnelle. En fait, la plupart des obligations portent sur des actes complétement isolés et transitoires; par exemple celui de payer une somme d'argent. Le plus souvent, l'accomplissement de l'obligation entraîne son extinction instantanée. Si dans des cas plus rares l'obligation s'applique à des actes continus d'une durée indéterminée, comme le mandat et la société, on a pris soin, en établissant la faculté de renonciation, de maintenir l'idée naturelle que nous nous sommes faite des actes obligatoires.

Le vendeur, au contraire, ne sera jamais délivré de l'obligation de garantie, chaque fois que l'objet vendu sera revendiqué pour une cause antérieure à la vente; il devra défendre son acheteur, comme le propriétaire défend sa propre chose. Et remarquons qu'il ne peut pas, comme dans notre droit moderne, dire : « J'ai vendu la chose d'autrui, je vais vous la payer et la rendre; » pas plus que l'acheteur ne peut seul l'actionner parce qu'il sait qu'il a acquis *a non domino*. Il faut attendre la bonne volonté d'un tiers. Il est vrai que la rapidité de l'*usucapion* allégeait assez vite celui qui était tenu *ob evictionem* de cette pénible obligation et que l'acheteur devait tout faire pour *usucaper*. Cette situation du vendeur attaché à la défense de sa chose, comme le serf à la glèbe, n'en paraît pas moins anormale, surtout si l'on admet que la garantie est une simple mesure d'équité ; on doit trouver contraire à ses principes que le vendeur de la chose d'autrui, qui s'en repent, ne puisse la rendre au propriétaire, sans attendre la revendication (1).

Mais on ne peut guère donner une telle origine à la garantie qu'en appelant du nom d'équité, non cette loi universelle à laquelle doit obéir l'humanité entière, non ce sentiment élevé qui doit guider toutes nos actions, mais les ingénieux palliatifs du préteur : ce mécanisme qui préserva pendant longtemps de toute secousse la rude organisation romaine. Voici, en effet, d'après Molitor (2), quelle put bien être son origine dans la loi.

(1) Savigny, *Des obligations*, tom. I, chap. I.
(2) Molitor, *Cours de droit romain approfondi*, tom. I, *Du prêt*.

3. La société romaine, dit-il, offre ceci de particulier dans son origine, qu'elle ne fut pas le résultat
de l'invasion d'un peuple, mais une association
d'aventuriers, de mécontents, ou d'illustres exilés,
venus de l'Italie, de la Gaule ou de la Grèce, dans
l'asile que leur offrit Romulus lui-même, s'il faut en
croire la tradition. Ces particuliers n'avaient de commun ni la race, ni le culte, ni la législation ; le seul
lien qui les unit était celui qui associe si souvent la
misère au crime. Aussi nous ne trouverons point
dans les commencements de ce peuple ces usages
communément reçus qui sont à l'équité ce que les
lois sont à la justice. Ils ne pouvaient avoir d'autre
droit que celui établi par les conventions ou les lois
qu'ils allaient faire. *Uti lingua nuncupassit, ita jus
esto*, dit un paragraphe de la loi des Douze Tables.
Le représentant de la justice ne connaissant que le fait
n'admit même pas dès l'abord cette présomption de
bonne foi, que nous rencontrons dans toutes les législations. L'exigence d'une déclaration expresse à ce
sujet n'a, du reste, rien d'extraordinaire chez un pareil peuple. La maxime *summum jus, summa injuria*,
paraît ici dans toute son évidence. Ce ne fut que plus
tard que l'équité vint au secours du défendeur par
l'institution d'une exception. C'est encore l'époque ou
chacun attaque et se défend lui-même, et plus tard
par l'interprétation de la volonté des parties ; ici on

s'en remet à la justice du soin d'obtenir son droit. *Æquum est sucurri reo aut exceptione aut justa inter- pretatione*, dit Paul (L. 17, XIII, 5). Si le caractère absolu des droits réels permettait de s'en passer et de trancher toutes les questions par le *justum* ou l'*injustum* du *sacramentum*, elle était indispensable dans les rapports de personne à personne.

4. Dans cet état du droit, ce que nous appelons la g a r a n t i e d'un terme générique, qui ne pouvait avoir d'équivalent, puisque la généralité de l'idée même manquait aux Romains, naissait, ou du dol, ou de la convention expresse des parties. On l'appela bientôt *obligatio ob evictionem* en précisant son objet; mais elle avait auparavant partagé avec bien d'autres idées juridiques le nom d'*auctoritas* (1), qui signifia d'abord cette force que nous trouvons en nous-même de garder ou poursuivre nos droits (2). C'est d'abord : *possideo quia possideo*, *l'usus auctoritas*, l'usucapion;

---

(1) *Auctoritas* doit venir du sanscrit *oja*, « force. »

(2) Cicéron l'emploie dans ce sens *in oratione pro Cœcina*. Il dit ailleurs : « Si ea prædia dividentur quæ ipse Cæsar vendidit, quæ tandem in ejus venditionibus esse poterit auctoritas. » Le mot d'*auc- toritas*, dans le sens spécial de *garant*, se trouve dans ce vers de Plaute :

Nec vobis auctor ullus est nec vosmet estis ulli.

(*Curcul.*, act. IV, sc. II.)

Voyez du reste l'étude philologique de Caillet, *De evictionibus*, au commencement,

c'est la force du droit que l'on fait résider dans telle ou telle circonstance, telle que l'ancienneté d'un aqueduc ; le droit qui reste à la personne dépouillée pour obtenir ce qui lui a été pris (1), car ce peut être aussi la négation du droit chez autrui par l'affirmation du sien. *Adversus hostem æterna auctoritas*, disait dans ce sens la loi des Douze Tables. En un mot, l'*auctoritas* était la dernière raison que l'on donnait d'un acte ou d'un fait. Un individu a stipulé cent d'un pupille, le préteur lui dit : « De quel droit les exigez-vous ? » Il invoquera l'assistance du tuteur qui était présent à la stipulation. C'est son *auctoritas*.

Ainsi, pour désigner notre *garantie* en général, les Romains employaient un terme qui avait certainement plus d'étendue que le mot français de *responsabilité*. Le sujet de notre étude est plus restreint et ne doit comprendre que l'obligation du vendeur pour l'éviction.

---

(1) « Quod subreptum erit, ejus rei æterna auctoritas esto. » Lex Attinia dans Aulu-Gelle, *Noct. Att.*, XVII, 7.

CHAPITRE II.

1. Il résulte de l'obligation que contracte le vendeur *præstare rem emptori habere licere*, qu'il ne lui est jamais permis de troubler son ayant cause, quels que soient les nouveaux droits qui lui proviennent du fait d'un tiers sur l'objet vendu. Celui qui est tenu de garantir ne peut évincer, cela est évident ; et si nous nous plaçons au point de vue de l'acheteur, il est également évident que celui qui a le droit d'attaquer, peut à plus forte raison se défendre.

C'est ce que dit Ulpien (L. 17, XXI, 2) :

Vindicantem venditorem rem, quam ipse vendidit, exceptione doli posse summoveri, nemini

dubium est ; quamvis alio jure dominium quæ-
sierit, improbe enim rem a se distractam evin-
cere conatur.

Le jurisconsulte me semble confondre ici les idées
de justice et d'équité ; je crois que lorsque quelqu'un
s'est obligé à me faire jouir d'une chose , les acquisitions de droits qu'il fait sur cet objet sont nulles
tant que son obligation dure envers moi, et je ne dirai pas seulement que l'éviction serait inéquitable
improba ; mais elle me paraîtrait *injuste*. Sa *rei vindicatio* ne saurait à mes yeux être fondée en droit.
Mais la suite du texte va faire comprendre pourquoi
Ulpien ne voit là qu'une malhonnêteté.

Eligere autem emptor potest ; utrum rem velit
retinere, an potius re ablata ex causa stipulationis duplum consequi.

Si d'après mon système je me laisse évincer, ce
sera une sorte d'*in jure cessio*, j'aurai retransmis mes
droits au vendeur ; au lieu qu'Ulpien ne voyant
là qu'un dol dont je ne puis être victime, m'accordera l'action de garantie, si je n'ai pas voulu employer l'exception.

L'admission d'un *jus vindicandi* chez le vendeur
dût venir de ce motif d'équité, par la généralisation
des autres hypothèses où l'exception de garantie ne
peut que paralyser les droits de revendiquant quand
par exemple il est l'héritier du vendeur ou second

acheteur. Alors, il est en effet bien certain qu'il y a
deux obligations : l'une active et l'autre passive, qui
se détruisent parce que des événements successifs les
ont fait se rencontrer dans la même personne. Il y
a ici une impossibilité objective, dans le premier cas
elle était subjective. A mon avis, l'obligation du vendeur l'empêche d'acquérir des droits contre son acheteur. Mais si c'est l'héritier du vendeur qui avait ces
droits, il s'établit simplement une compensation entre le *jus vindicandi* qu'il avait et l'obligation *ob
evictionem* qu'il trouve dans l'hérédité; c'est alors que
l'exception a son utilité.

Si cette critique est fondée, il faudrait reconnaître
que dans les *legis actiones* qui n'admettaient pas
d'exceptions, d'après G a i u s (1), le *sacramentum* du
revendiquant devait être déclaré *injustum* (2).

Il faut cependant bien avouer que la théorie des

---

(1) Gaius, IV, 13 et 17. Voir Keller, *De la procédure civile et des
actions chez les Romains*, C. II, § 13.

(2) Ce serait, du reste, une grossière erreur, de vouloir appliquer
dans l'étude de la garantie en elle-même rien qui rappelle le droit
strict. Les jurisconsultes romains ont toujours réglé cette matière
d'après les vagues préceptes du droit des gens. Ainsi peu importait
la capacité civile de s'obliger, lorsqu'il s'agissait de cette *denuntia-
tio*, par exemple, qui est une formalité nécessaire pour le recours
de l'acheteur. D'après les fragments 36, § 1 et 56, § 7, *h. t.*, c'est à
la personne physique du vendeur même, quand il est esclave ou pupille, qu'elle doit être faite.

jurisconsultes du D i g e s t e est toute différente. Si,
par exemple, je vous vends l'esclave de Titius et
que vous soyez son héritier, vous ne pourrez intenter contre moi l'action *ex stipulatu*, dit la loi 9, *h. t.*
Quoniam parum commode dicam ipse mihi duplam
præstare debere, ajoute la loi 41, *h. t.*, au lieu que l'on
peut comprendre que je doive le double à mon ayant
cause. La *stipulatio duplæ* semblait consacrer au
profit du vendeur un droit de réméré fixé au double
du prix. Il semblerait que l'action *ex empto* fut plus
difficilement admise dans le cas d'éviction causée
par le vendeur, si l'on admet la suppression du mot
ex empto que faisait subir au fragment 18, *h. t.*, le
glossateur B a r o n (1), pour éviter sans doute la répétition produite avec ce mot par le fragment suivant dont le *principium* porte :

> Sed etsi stipulatio nulla fuisset interposita de
> ex empto actione, idem dicemus.

2. Ces mêmes lois nous offrent un exemple assez
remarquable de l'exercice de l'exception de garantie.

Ulpien, dans le fragment 51, *h. t.*, pose la règle
générale suivante :

> Si per imprudentiam judicis aut errorem, emp-

----

(1) Esquinaire-Baron, j. français, 1495-1550, surnommé par Cujas,
qui l'avait connu à Bourges, le Varron de la France.

tor rei victus est, negamus auctoris damnum
esse debere.

Et P a u l, au fragment 18, prévoit le cas où, malgré l'exception, l'éviction a été prononcée. Ce ne
peut être par erreur du juge ; il déclare quand même
que : *Ex duplæ quoque stipulatione, vel ex empto potest conveniri.*

Voici probablement quelle était la formule :

TITIUS JUDEX ESTO. SI PARET FUNDUM CORNE-
NELIUM QUO DE AGITUR EX JURE QUIRITIUM AGE-
RIO ESSE, SI NON EAM REM AGERIUS NEGIDIO
VENDIDIT AC TRADIDIT, NISI EUM FUNDUM NUME-
RIUS AGERIO ARBITRATU TUO RESTITUET ; QUANTI
EA RES ERIT, NUMERIUM AGERIO CONDEMNA, SI NON
PARET ABSOLVE.

En pareil cas, il semble que la sentence du juge
portait sur la garantie aussi bien qu'elle prononçait
l'éviction ; de sorte que l'erreur du juge n'obligeant
pas le vendeur, il pouvait repousser toute action
ex empto ou *ex stipulatu* par l'*exceptio rei judicatæ.*

Je crois que cette sentence pouvait être rangée
parmi celles dont parle M a c e r, qui sont rescindées
sans appel, L. 1, XLIX, 8, comme l'erreur de calcul,
et qui ne donnaient pas lieu à l'*exceptio rei judicatæ.*
Dans ce cas le *judex litem suam fecit* et l'acheteur
avait un recours contre le juge.

3. Nous allons maintenant examiner les effets de

l'exception de garantie à l'égard des ayant cause du
vendeur, soit à titre particulier soit à titre universel.

« Si vous m'avez vendu une chose, » dit Pothier, « et que vous m'en ayez mis en possession avant d'en être le propriétaire, et qu'après
en être devenu propriétaire vous l'ayez vendue
à un second acheteur qui la revendique contre
moi, je lui opposerai l'exception de garantie.
La raison en est que, comme personne ne peut
transférer plus de droit qu'il n'en a lui-même,
l'action en revendication que vous lui avez ainsi
cédée ne lui appartient que rendue inefficace
par l'exception » (L. 2, XXI, 3).

J'ai déjà dit que lorsque c'était l'héritier du vendeur qui était le propriétaire, comme le patrimoine
de la succession se confondait avec le sien propre,
il s'opérait une sorte de compensation entre mon
obligation de rendre et son obligation de me faire
avoir la chose.

4. La const. 14, au c o d e III, 32, suppose qu'une
mère a vendu la maison de son fils, et elle décide
que si ce fils n'est pas héritier, son droit de revendication lui reste intact ; dans le cas contraire, il le
perd pour la part qu'il prend dans la succession.
Cette décision est fort juste : Supposons que la tradition n'ait pas été faite avant la mort de la mère,
l'acheteur ne pourra la demander au fils s'il n'est

pas héritier, et s'il est héritier, en vertu de la confusion, il ne devra la faire que pour sa part héréditaire.
Jusqu'ici il n'y a pas de doute. Le texte que nous
avons cité est, du reste, trop précis pour donner lieu
â la moindre divergence chez les commentateurs.
Cet accord n'existe plus chez eux lorsqu'il s'agit de
savoir si l'acheteur a le droit d'abandonner le tout,
en exigeant des dommages-intérêts pour la part héréditaire, ou s'il doit être obligé de le retenir pour
partie. Dumoulin (*Tr. de divid. et indiv.*, p. 2,
n°s 499 et suiv.) répondait que n'ayant pas acheté la
chose pour en avoir seulement une partie, il ne peut
être obligé à la retenir seulement pour partie. Pour
que cette raison fût bonne, il faudrait que l'éviction
partielle résolût la vente, et tous les textes disent
le contraire. Je me range à l'avis de Dumoulin,
d'après la loi 17, XXI, 2, que j'ai déjà citée et où il
est dit :

> Eligere emptor potest, utrum rem velit reti-
> nere intentione per exceptionem elisa, an potius,
> re ablata, ex causa stipulationis duplum conse-
> qui.

Je ne crois pas que, dans aucun cas, les cohéritiers aient le droit de se plaindre des conséquences
de l'éviction causée par un d'eux.

Mais le revendicant a-t-il le même choix, obtien-
dra-t-il le tout en offrant des dommages-intérêts

pour sa part héréditaire ? C'était l'opinion de H e n r y s (1. 4, XXXI) ; elle est insoutenable (1).

Cette confusion ne s'établit pas lorsque l'héritier a obtenu la séparation des patrimoines. De même le légataire n'était pas tenu des dettes.

L'acheteur peut également opposer cette exception aux cautions et à leurs héritiers, mais non à ceux qui n'ont fait que consentir à la vente, et peu importe, contrairement à l'opinion de D e s p e i s s e s (2) (1. 7. 55), qu'ils revendiquent en vertu de droits antérieurs ou postérieurs à la vente. Il y aurait contradiction qu'elles puissent être reçues à former une demande qu'elles sont obligées de faire cesser.

(1) L'héritier peut venir en son propre nom contre l'aliénation faite par le défunt ; mais il est repoussé par une exception, dit la glose de Duarenus sur la loi 73, *h. t.* Il s'agit, dans cette loi, d'une constitution de dot et non d'une vente. La principale question à laquelle Paul répond, c'est que l'on peut revendiquer les immeubles dotaux ès mains du mari *jure proprio non hereditario*, et il en tire les conséquences qui nous sont connues : c'est que l'exception de dol sera utilement employée pour repousser cette revendication. C'est en effet un cas de dol *adventice*, puisqu'elle est constituée par la femme ; le mari avait donc le droit de la garder, sans doute parce que la femme était morte pendant le mariage ou parce qu'il n'avait pas été mis en demeure avant la mort de Séia.

(2) Antoine Despeisses, jurisconsulte établi à Montpellier, où il mourut en 1658. Son *Traité des successions*, Paris, 1632, a été fait en collaboration avec Ch. de Bouques, dont la famille avait donné un professeur à la faculté de droit de Montpellier (1160-1191).

Le fidéjusseur avait bien certainement le droit de répondre à cette exception en opposant le *bénéfice de discussion,* mais il n'était d'aucune utilité ; car l'obligation de faire cesser toutes les actions tendant à l'éviction ne peut être payée que par ce fidéjusseur , puisque c'est lui qui revendique. Telle est la solution de Pothier (vente 178) qui pourrait être contestée en l'absence de texte, surtout si l'on remarque que la loi 31 (1) au Code semble excepter les héritiers de la caution de la règle *quem de evictione.* Cependant la caution s'oblige dans la même mesure que le débiteur principal, et de même que les héritiers du vendeur sont tenus de cette obligation, de même les héritiers de la caution doivent être repoussés par l'exception. Cujas pensait que, dans ce cas, l'exception n'avait pas été opposée et que cette constitution de Dioclétien décide simplement comme les lois 17 et suiv. (2), *h. t.,* au Digeste, que celui qui a évincé

(1) Const. de Dioclétien, 31, Code VIII, 45 : « Heredem fidejussoris rerum , pro quibus defunctus apud emptorem intercesserat pro venditore , factum ejus, cui successit, ex sua persona dominium vindicare non impedit , scilicet evictionis causa durante actione. »

(2) « Eligere autem emptor potest, utrum rem velit retinere , intentione per exceptionem elisa ; an potius, re ablata, ex causa stipulationis duplum consequi. » 17, D., XXI, 2.

n'est pas recevable à prétendre que l'éviction est ar-
rivée par la faute de l'acheteur (1).

(1) Cependant, depuis Cujas, la découverte des commentaires de
Gaïus nous offre une autre solution ; il se pourrait que Dioclétien
ait voulu étendre à tous les fidéjusseurs le droit qu'avaient d'abord
les *sponsores* seulement dont l'obligation ne passait pas aux héritiers.
Gaïus dit expressément : « Præterea sponsoris et fidepromissoris heres
non tenetur ; fidejussoris autem etiam heres tenetur. » Com. III,
§ 120. Or, comme le *sponsor* et le *fidepromissor* n'étaient admis que
dans les stipulations, on pourrait dire, d'une façon générale, que la
stipulatio duplæ n'engageait pas les héritiers de la caution au lieu
qu'ils auraient pu être tenus *ex empto*.

CHAPITRE III.

DE L'ÉVICTION EN GÉNÉRAL.

1. Nous venons d'étudier la garantie dans les effets qu'elle produit *in limine litis*. Nous avons vu que ce droit de garantie permettait à l'acheteur de repousser certaines personnes déterminées sans recourir à autrui, soit par la juste interprétation de ses droits, soit avec l'aide d'une exception. Il ne nous a pas été difficile d'établir la responsabilité qui

incombe au vendeur pour les actes qu'il accomplit lui-même; nous allons nous occuper dans quelles mesures il est responsable des actes des tiers : que toute la chose soit évincée ou seulement une partie, un recours appartient à l'acheteur contre le vendeur (1), disent les premiers mots du titre : *Des évictions*, au Digeste. Il est donc responsable de l'éviction soit totale, soit partielle. Mais qu'est-ce que l'éviction ?

L'ÉVICTION EST LE FAIT QUI ENLÈVE A UNE PERSONNE LA SITUATION JURIDIQUE DONT ELLE PRÉTENDAIT AVOIR LES DIVERS AVANTAGES.

Mühlenbruch, et, avec lui, la plupart des auteurs, la définit (2) :

Rei per vindicationem, judicisque sententiam jure facta ablatio.

Mais d'après la loi 16, § 1, XXI, 2, il y a éviction, soit qu'en vertu d'un jugement on ait dû se dépouiller d'un objet, soit qu'ayant intenté une action pour se mettre en possession on ait échoué :

Cum res restituta est petitori, vel possessor conventus absolutus est.

Schulting (3) est plus général; il dit, dans la

---

(1) « Sive tota res evincatur, sive pars : habet regressum emptor in venditorem » (Ulpien).

(2) Mühl., *Doctr. Pand.*, § 401 et suiv.

(3) Schultingius, *Notæ ad Digesta*, t. VIII, p. 312.

contr. 86 , c. Ier : « L'éviction est tout triomphe judiciaire qui, de fait, empêche l'acheteur d'avoir la
chose. »

Cette définition, adoptée par Molitor (1), ne saurait être vraie dans la législation romaine, où aucun
triomphe judiciaire n'a jamais empêché de fait d'avoir
la chose ; où toute condamnation était pécuniaire ;
où la *formula petitoria* se terminait ainsi :

NISI EAM REM N. NEGIDIUS, A. AGERIO , ARBI-
TRATU TUO RESTITUET , QUANTI EA RES ERIT CON-
DEMNA.

La restitution de l'objet était *in facultate solutio-
nis*, une sorte d'exception, de sorte qu'il aurait pu,
dans la plupart des cas, ne jamais y avoir d'éviction (2).

Je préfère la définition générale que j'ai déjà donnée, sauf à déterminer les cas où elle donne lieu à
l'action de garantie.

2. Pour cela, il faut que le fait soit *certain, irrésistible, imputable à l'auteur*.

Que la situation juridique perdue soit *justa,
comptée dans le patrimoine, réparable*.

Enfin que la prétention de l'évincé soit *justi-
fiée par un titre* et *la conséquence d'une prestation
corrélative*.

(1) Molitor, *Cours de droit romain approfondi*, t. I, § 460.
(2) Df. 68, C. VI, 2.

Ces dernières conditions se trouveront toujours dans un contrat synallagmatique tel que le contrat de vente. Mais occupons-nous des premières.

3. LE FAIT QUI CAUSE L'ÉVICTION DOIT ÊTRE CERTAIN, IRRÉSISTIBLE, IMPUTABLE AU VENDEUR.

Généralement, pour lui donner une certitude suffisante, il faudra un jugement qui ne soit plus susceptible de recours. Cependant le vendeur peut engager l'acheteur à ne pas se défendre, et alors ce dernier n'a pas à prouver la certitude du fait. Il aura au contraire à la prouver s'il a remis de lui-même la chose au revendiquant, comme le prévoit Pothier (*Vente*, 96); mais cette preuve est difficile à faire comme toutes les preuves négatives, l'acheteur devant repousser le fondement de toutes les exceptions *in personam* qu'avait son auteur contre l'évinçant.

4. Un jugement susceptible d'appel est-il suffisant? Voici ce qu'en dit Modestin (1):

Gaia Séia avait acheté un fond à Lucius Titius. Sur un procès que lui intenta le fisc, elle avait appelé garant, mais elle fut évincée. Le fond fut adjugé au fisc en présence du vendeur. On se demande si l'acheteur n'ayant pas fait appel peut attaquer son vendeur? Herennius Mo-

(1) 63, D., XXI, 2, § 1.

destin répond : Soit que le fond fût à autrui
lors de la vente, soit qu'il fût alors hypothéqué,
l'éviction s'en est suivie. Rien ne prouve que
l'acheteur n'ait pas son action contre le vendeur.
Si sur l'appel il perd, par suite d'une prescription, une cause bonne en elle-même, il ne peut
se retourner contre son auteur.

Il me semble résulter de cette loi que tant que la
sentence peut être infirmée, l'acheteur ne pourra
agir en garantie qu'en prouvant :

> Quod alienus fuit cum veniret, sive quod tunc
> obligatus evictus est.

Un jugement par défaut (1) ne présente pas une

---

(1) Celui qui faisait défaut dans une action réelle devait abandonner la possession : c'est ce qui lui était ordonné par voie d'interdit
(*Quem fundum*, etc.). « Interdicta quem fundum et quam hereditatem, nam si fundum vel hereditatem ab aliquo petam, nec lis defen-
datur, cogitur ad me transferre possessionem, sive nunquam possedi
sive antea possedi, deinde amisi possessionem » (Ulp., *Frag.*). Nous
avons voulu de même désigner sous le nom d'*appel*, soit l'*emptiatio*
à l'*actio judicati*, soit la *restitutio in integrum*, soit enfin l'*appellatio
collegarum* qui, malgré sa similitude, répond plutôt à la cassation
qu'à notre appel. Du reste, il faut dire que le fisc dont il est parlé
dans le texte avait des droits tout particuliers. Une sentence contre
le fisc pouvait, pendant trois ans et même au delà, s'il y avait eu
fraude manifeste ou prévarication, être annulée par *retractatio*,
c'est-à-dire sur nouvel examen et toujours *sine periculo*. Voir L. 29,
princ., et 45, § 8, D., XLIX, 14. L. 1, §§ 3, 4, D., XL, 15. L. 2, § 2,
D. XII, 16. L. 8, D., L, 8.

certitude suffisante pour qu'il y ait lieu à garantie pour éviction ; c'est ce que dit la loi 55 , *h. t.* L'éviction vient plutôt de l'absence du défendeur que de l'injustice de sa cause ; mais il suffit qu'il ait été représenté par quelqu'un.

De même les transactions, les compromis, n'autorisaient pas non plus ce recours. Ici l'acheteur semble aller au-devant de l'éviction, puisque ces sentences n'avaient pas la force exécutoire : *Nulla necessitate cogente id fecit* (1).

6. Cette dernière espèce nous amène à parler de l'irrésistibilité de l'enlèvement. Il ne doit pas porter sur l'objet de la vente même, mais sur la situation juridique qu'avait l'acheteur.

Si l'acheteur d'un esclave a opposé à la *rei vindicatio* son vendeur comme *procurator* et que ce dernier ait payé la *litis estimatio*, il ne saurait y avoir d'action en garantie, parce que ce *procurator*, qui est le vendeur, n'a pas l'*action du mandat* pour se faire rendre la *litis estimatio*. Donc, puisque l'acheteur n'a perdu ni argent ni l'objet de la vente, il n'a pas de recours (2).

Chaque fois que le vendeur voudra payer la *litis estimatio*, il détournera ainsi le coup de la tête de

(1) L. 56, D., XXI, 2.
(2) L. 21, § 2, D., XXI, 2.

son acheteur. Si, au contraire, c'est ce dernier qui paie, il sera considéré avec raison par Julien comme ayant acheté une seconde fois : sa première situation d'acheteur lui est enlevée ; donc il aura une action en garantie.

Remarquons que pour que l'effet soit irrésistible, il faut que la sentence soit exécutée. D'après la la loi 57, *h. t.* :

> Si le vainqueur dans la *rei vindicatio* contre l'acheteur meurt avant l'enlèvement de la chose sans successeurs, dans de telles conditions que ses biens ne reviennent pas au fisc ni qu'ils soient vendus par ses créanciers, l'acheteur aura la chose.

7. En mon absence, vous avez pris la gestion de mes biens. Sans le savoir, vous achetez pour votre compte une chose qui m'appartient, et votre erreur dure jusqu'au terme de l'usucapion : vous ne serez pas, à raison de ce fait, tenu envers moi de l'action de gestion d'affaires, au moins jusqu'au temps où vous avez été de bonne foi. A partir du moment où vous vous apercevez que la chose m'appartient vous devenez responsable à mon égard. Pour éviter cette responsabilité, il semble tout simple d'aller trouver le vendeur et de lui dire : « Vous m'avez vendu la chose d'autrui, vous êtes tenu *ex empto.* » Mais ce dernier demandera quel est le motif qui empêche que

vous ayez la chose. Le seul moyen de sortir de cet impasse est de confier à un tiers le soin de revendiquer en mon nom, afin qu'une véritable éviction vous donne l'action en garantie contre le vendeur, tout en faisant rentrer la chose dans mes biens. Il résulte de cette loi (1) que tout recours eût été refusé à l'acheteur s'il avait volontairement remis la chose qui lui avait été vendue dans le patrimoine de celui dont il était le *negotiorum gestor*.

8. Il semble d'abord que le jurisconsulte présente un moyen commode d'éviter l'incertitude du titre que confère la vente pendant le laps de temps nécessaire à l'usucapion.

Vous apprenez que vous avez acheté la chose d'autrui : *Subjicies aliquem qui a te petat nomine domini*. Mais la loi 56, § 3, XXI, 2, s'oppose à ce moyen : *Sic cum possit usucapere emptor non cepit ; culpa sua hoc fecisse videtur, unde si evictus est servus non tenetur venditor.*

Cependant, malgré les termes généraux de ce fragment, celui que nous venons de traduire précédemment y fait exception ; c'est ce qu'a soin de dire l'auteur à la fin (2) :

« Nec videris dolum malum facere in hac sub-

---

(1) L. 19, § 3, D., III, 5.
(2) L. 19, § 3, D., III, 5.

jectione; ideo enim hoc facere debes, ne actione
negotiorum gestorum tenearis. »

Donc, la loi 56 n'est applicable qu'à condition que
l'acheteur qui usucape ne sera soumis à aucune obligation vis-à-vis le propriétaire (1).

9. Hors ce cas, le fait serait plutôt imputable à
l'acheteur qu'au vendeur, et il faut qu'il soit causé
par la faute de ce dernier seul pour qu'il en ait la
responsabilité. C'est pourquoi l'injustice ou l'erreur
du juge ne donnent pas lieu à garantie (2). Dans ces
cas c'était le *judex* qui assumait cette responsabilité.

> « In factum actione et in quantum de ea re
> æquum religioni judicantis visum fecerit, pœnam
> sustinebit. »

Avant la période classique, *litem suam faciebat*,
il se pendait au procès, dit un commentateur alle-
mand; mais sans doute, à mesure que le droit
s'était compliqué, on se contenta d'une *actio in
factum*, où le préjudice était estimé *ex æquo et
bono* (3) :

10. Si, malgré l'avertissement donné par le
vendeur à l'acheteur de procéder par la *Publi-
cienne* ou l'action de l'*ager vectigalis*, il ne l'a

(1) V. Cujac., *Obs.*, XIII, c. 16.
(2) L. 51, D., XXI, 2, et L. 6, D., L, 13.
(3) L. 66, D., XXI, 2.

pas fait, il supportera tout le préjudice de son dol et n'aura pas l'action *ex stipulatu*. On ne saurait en dire autant de l'action *Servienne*. Quoique réelle, elle enlève la *nuda possessio* ; et le vendeur une fois payé, l'acheteur la perd.

Il s'agit ici des *fictitiæ actiones* (1).

Dans les deux premières, on suppose que la propriété quiritaire appartient au demandeur, alors qu'il n'a pas achevé d'usucaper, ou qu'il possède un *ager vectigalis* qui n'est pas susceptible de cette propriété. La *formula Serviana* permettait de mettre le *bonorum emptor heredis loco*, au lieu que dans la *formula Rutiliana* on transposait les noms et on corrigeait la *condemnatio* seulement ; mais plus spécialement l'action Servienne pouvait être employée dans le cas suivant :

J'ai vendu un fonds avec les accessoires ; l'acheteur est évincé d'une partie mobilière. Je dis : « Vous pouvez la garder, d'après la *Servienne*, car ces meubles sont à mon fermier. » Mais comme elle ne donne qu'un droit de rétention et non de possession, je ne saurais empêcher l'éviction.

11. Julien (2) a exprimé avec élégance la nécessité de l'imputabilité au vendeur de la perte que fait

---

(1) Gaïus, *Comm.*, IV, 34, 38.

(2) L. 21, D., XXI, 2.

l'acheteur pour le recours en garantie, en disant :

« La commise de la stipulation *duplæ* a lieu toutes
les fois que la chose est perdue, de telle sorte que
c'est l'éviction elle-même qui empêche l'acheteur de
la garder. » Il faut cependant en excepter les cas de
dol, et il faut remarquer de plus qu'il suffit qu'une
situation juridique comptant dans le patrimoine et
réparable soit enlevée.

L'objet peut donc périr, et il peut quand même y
avoir lieu à l'action *ex stipulatu* (1).

(1) C'est ce que dit le f. 16, D., VI, I, espèce dans laquelle l'instance avait déjà été engagée, au lieu que dans celle prévue par le
f. 21, elle ne l'est pas. Voir Cujac., *Obs.*, IX, 34. Dans le cas du
f. 16, *De rei vind.*, d'après lui, il est certain que la mort de l'esclave
amenée après la *lit. contest.* ne fait pas évanouir l'intérêt de
l'instance « non omnino mori litem, » car il reste encore à régler
la question des faits.

On pourrait croire, au premier abord, que le f. 21 à notre titre contient une solution opposée. Si l'esclave vendu meurt avant l'éviction, la stipulation de garantie ne peut être commise. Tandis que
Paul, au f. 16, *De r. v.*, déclare expressément que la sentence du
juge sera nécessaire après la mort de l'esclave pour régler cette stipulation. Mais Ulpien suppose évidemment que la commise de la stipulation ne s'étant point produite avant le décès de l'esclave ne peut
plus avoir lieu faute d'objet. La même question se produit dans le
cas de perte fortuite pour les immeubles.

En résumé, c'est toujours au moment de la *l. cont.* qu'il faut se
reporter pour savoir si le procès a ou non un objet, et quel est l'intérêt en jeu entre parties.

Une sentence est nécessaire, même après la mort
de l'esclave, pour les fruits, le part et la stipulation,
touchant l'éviction. La loi 21 dit le contraire; mais
nous reviendrons là-dessus en nous occupant des
actions spéciales qui naissent de ce droit à la garantie de l'obligation.

Remarquons, en terminant, que cette mort ne cou-
pera pas court à toute contestation, d'après la loi 3,
§ 1, XXII, 1.

Même dans les jugements *stricti juris*, le demandeur qui triomphe doit avoir les mêmes avantages
que si la sentence avait été rendue de suite après
la *litis contestatio*, par une sorte d'effet rétroactif.

12. Nous avons défini l'éviction : le fait qui enlève à une personne la situation juridique dont elle
prétendait tirer les divers avantages. Or, supposons
que vous m'ayez vendu un fonds; vous m'y avez
conduit par un certain chemin; mais, lorsque je veux
y revenir, on me défend d'y passer et je suis actionné
par l'action *negatoria*. Bien plus, un voisin fait tra-
verser le champ vendu par ses troupeaux, et, sur mon
refus de les y laisser entrer, il intente l'action confessoire. Est-ce que cela m'enlève ma situation juridi-

---

C'est dans ce sens qu'il faut entendre les mots *alluvionis periculum
non præstat venditor* de la fameuse loi *exmille.*

que de propriétaire? Nullement. Tout le monde, au
contraire, la reconnaît.

Cependant elle se trouve amoindrie, viciée ; mais
les Romains avaient fait passer ce vice de mon droit
à la chose sur laquelle je l'exerçais ; et comme nous
disons au lieu de : « J'ai ce droit de propriété sur telle
chose ; j'ai telle chose, » ils disaient : « Une servitude
prédiale n'est pas une diminution du droit que nous
avons sur telle chose ; mais une diminution de la
chose même. »

> « Quid aliud sunt jura prædiorum, quam præ-
> dia qualiter si habentia, » dit Celse (1).

Et quelles que soient les critiques formulées contre
cette déposition, il faut l'admettre et décider que jamais l'action de garantie ne dut être ouverte par l'action négatoire ou confessoire d'une servitude. Il ne
faudrait pas étendre cette solution à des servitudes
personnelles telles que l'acheteur est réputé évincé
toutes les fois que la chose lui est enlevée par l'effet
d'une sentence basée sur un titre antérieur à la
vente, rendue sur le fond du droit, ou qu'il ne la
conserve qu'en vertu d'un titre nouveau. S'il ne
succombe que sur un interdit, il n'est pas évincé,
puisque la ressource de l'action *in rem* lui reste.
Mais, cette action dût-elle triompher, il peut

---

(1) Cicéron, *De orat.*, I, 39 ; *De offic.*, III, n° 16.

agir *ex empto* ; car il n'a reçu qu'une tradition incomplète, et il en éprouve un préjudice (L. 35, 19, 1).

Non ad pretium restituendum , sed ad rem defendendam l'usufruit, *qui pars dominii est* (1).

(1) Le démembrement de la propriété ne donne lieu à l'action en garantie que lorsque le droit réel ôte la jouissance effective de la chose (*hyp. usufruit, emphyt. superficies*). Mais les servitudes prédiales n'y donnent lieu que lorsque le fonds a été vendu (*uti optimus maximus*). Malgré Cicéron, *De orat.*, 1, 29 ; *De off.*, 3, 16, ce ne sont pas des vices, car les vices proprements dits n'ôtent rien à la plénitude d'un droit et ne font que diminuer la valeur de la chose sur laquelle on a ce droit. Voir Accarias, *Vente*, au dernier fascicule paru.

CHAPITRE IV.

DE L'EXERCICE DU RECOURS.

SOMMAIRE.

1. Dénonciation du trouble.
2. Origines de la *stipulatio duplæ*.
3. *Stipulatio duplæ* amenée par l'action *ex empto*.
4. Action *ex empto*.
5. Cas de commise de l'action *ex stipulatu*.
6. La clause pénale n'était pas un forfait.
7. Elle n'est pas un dédit.

1. Si les conditions que nous venons d'énumérer suffisent pour justifier le recours en garantie, son exercice est encore soumis à une dernière condition : Dès qu'il éprouve un trouble judiciaire, l'acheteur doit le dénoncer à son vendeur (1); sinon, il est

(1) La loi 11 , § 12, D., XIX, 1, en excepte le cas où l'éviction est inévitable. De même, lorsque la dénonciation est impossible où qu'il y a eu renonciation de la part du vendeur. L. 55 et 56 , § 5, D. , XXI, 2.

censé s'engager dans le procès à ses risques et
périls.

Cette dénonciation peut être faite à un *procura-*
tor (1) en présence du vendeur, ou à son mandataire
s'il est connu de l'évincé. Il n'y a pas d'instant
fatal :

> « Quolibet tempore venditori denuntiari potest,
> dum tamen ne prope ipsam condemnationem id
> fiat ;

Parce qu'alors la cause pourrait en souffrir ; et
c'est précisément dans ce cas, et dans ce cas seulement, que le recours est complétement perdu (2).

Alors, au moins dans la plupart des cas, deux
voies se présenteront pour exercer ce recours. Il
pourra l'être :

1° Par l'action du contrat ;

---

(1) C'est alors le *procurator presentis* ou *procurator apud acta fac-*
tus assimilé au *cognitor* (*Vat. Fr.*, § 317) pour l'exécution du jugement.

(2) L. 29, D., XXI, 2. Plus tard une constitution d'Alexandre
exigea toujours une dénonciation : « Emptor fundi, nisi auctori aut
heredi ejus denuntiaverit, evicto prædio, neque ex stipulatu neque
ex dupla, neque ex empto actionem contra venditorem vel fidejusso-
rem actionem habet. Sed etsi judicio emptor non adfuit, aut præ-
sens per injuriam judicis victus est absente auctore vel fidejussore
regressum adversus eum non habet. » A. 8, C. VIII, 45. Nous sommes
loin de la mise hors de cause qu'obtiendra toujours l'acheteur dans
la garantie formelle.

2° Par l'action *ex stipulatu duplæ.*

2. Cette dernière résultait d'une *nuncupation* qui accompagnait la *venundatio* primitive avant la loi *Plætoria* et sans l'existence des actions de bonne foi. C'était la convention de garantie qui était ajoutée à la vente. Cette stipulation était nécessaire dans les premiers temps; mais elle ne devait pas être du double. Cicéron dans un passage *De officiis* nous fournit une explication plausible de ce *duplum* :

> « Cùm ex XII Tabulis, » dit-il (III, 16), satis esset ea præstari quæ essent lingua nuncupata, quæ qui inficiatus esset Dupli pœnam subiret a jureconsultis etiam reticentiæ pœna est constituta. »

On le voit, ce ne devait être que par l'effet de la condamnation résultant de la négation du vendeur qu'elle montait au double.

Dans cette mesure, elle parut une estimation à forfait très-commode du préjudice causé par l'éviction et devint tellement usuelle, que l'acheteur put faire promettre ce *duplum* par l'action du contrat pendant la période classique; plus tard, une constitution du Code décida que le préjudice ne devait jamais dépasser ce taux.

Derrière tous ces avantages, se cachait un inconvénient : c'est qu'elle avait gardé la rigidité commune aux *condictiones certi* ; au lieu que sa rivale, l'action *ex empto*, offrait toutes les facilités d'une action *bonæ fidei* (1).

Nous n'aurions pas fini l'étude de l'éviction, si nous ne cherchions pas les cas particuliers où elle donne lieu à l'une ou à l'autre de ces actions ; nous allons commencer par l'action *ex empto* :

3. Si le recours en garantie n'était pas ouvert au vendeur tant qu'il n'avait pas délaissé, bien qu'il connût le vice de sa possession, l'action *ex empto* lui permettait cependant de prendre certaines précautions, et par exemple d'exiger la *stipulatio duplæ*.

Quia assidua est duplæ stipulatio : idcirco placuit etiam ex empto agi posse si duplam venditor mancipii non caveat ea enim quæ sunt moris et consuetudinis in bonæ fidei judiciis debent venire.

Mais, d'après la loi 2, XXI, 2, le vendeur ne devait pas être seulement condamné à donner caution, mais au double du prix.

Si dupla non promitteretur, et eo nomine agetur dupli condemnandus est reus.

Cette exécution immédiate de la condamnation au

---

(1) Il est à remarquer que l'action *ex stipulatu* double presque tous les contrats, de même que leur extinction peut presque toujours avoir lieu par l'acceptilation (formule Aquilienne). On évitait ainsi de prouver l'existence sérieuse de la convention, en prouvant que les paroles solennelles avaient été prononcées.

double du prix pourrait, il est vrai, se justifier par cette considération que le vendeur peut toujours y échapper en répondant à la stipulation. Elle s'explique même très-bien si l'on admet que l'action *empto* est *arbitraria*. Dans ce cas, le vendeur, après avoir vainement contesté la prétention du demandeur, pourrait, en exécutant l'*arbitrium* du juge et faisant la promesse, éviter la condamnation du double. Seulement, on ne sait pas si l'action *ex empto* avait ce caractère. Il vaut mieux dire que les *actiones arbitrariæ* n'étaient pas limitées. *Omnia judicia sunt absolutoria.*

M. Labbé (*Revue pratique de dr. fr.*, 1865) propose un autre moyen de faire disparaître cette injustice criante.

« En général, » dit-il, « les sentences doivent être exécutées sans autre retard que les quelques mois accordés au condamné pour l'exécution volontaire. Cela est exact. Mais, en général, aussi le défendeur est condamné à une somme qui est exactement mesurée sur l'intérêt actuel du demandeur à n'avoir pas éprouvé une violation de droit. Peut-on dire que le double du prix représente ici l'intérêt actuel, le préjudice actuel du demandeur? Non certes. Il est vrai que cet intérêt, dépendant d'une éventualité, est très-difficile, presque impossible à estimer. Mais ce n'est pas une raison pour grever le défendeur d'une condamnation exorbitante. Il est une combinaison qui satisferait l'équité : c'est que la condamnation prononcée ne fût mise à exécution que si l'acheteur était évincé de la chose. La sentence fournirait purement et simplement à l'acheteur une action, l'action *judicati*, équivalente à celle qui serait née de la stipulation, une action dont l'acheteur ne pourrait user que dans l'hypothèse d'une éviction réalisée. L'exécution de la sentence serait suspendue comme l'aurait été l'effet de la promesse que devait faire le vendeur, et dont la condamnation tenait lieu. Peut-être en était-il ainsi. Ce résultat était-il obtenu par l'intervention du préteur réglant l'exécution forcée ou par l'office du juge qui prononçait une condamnation conditionnelle. Nous ne savons. Mais l'idée d'une sentence dont l'exécution est différée et même tenue en suspens par une condition n'est pas inouïe. Une loi au Digeste nous en offre un exemple dans une circonstance analogue où il s'agit de remplacer une obligation conditionnelle (40, D., IX, 2).

Je crois cette assimilation inutile. Le texte de Paul serait plus clair si, au lieu de commencer par *si*, on lisait *etsi*.

Mais, même en maintenant la leçon telle quelle, il ne peut vouloir dire qu'on obtient *ex empto* le double du prix avant l'éviction, car dans la phrase *Eo nomine agetur... Eo nomine* ne veut pas dire *ex empto*,

mais *ex stipulatu* ; or, on ne peut agir *ex stipulatu* que lorsqu'il y a une éviction *stricto sensu*.

Du reste, cette idée que la *stipulatio duplæ* est
inutile se retrouve dans Paul., *Sent.*, II, 17, 2 :

> Si res simpliciter traditæ evincantur tanto ven-
> ditor emptori condemnandus est quanto si stipu-
> latione pro evictione cavisset.

Le paragraphe 8 des Vat. Fr. exige également
une éviction préalable.

> Evictione secuta duplum ex empto judicio se-
> cundum legem contractus præstabitur.

Une autre explication consiste à lire avec Haloan-
der *repromitteretur*, ce qui veut simplement dire que
l'on peut agir quoiqu'il n'ait pas répété sa promesse.

Ce texte, éloigné ainsi, nous croyons que la solution de la condamnation serait le *quanti plurimum
periclitari* de la loi 11, § 9, XIX, 1 (1).

4. Une femme se marie avec le maître de l'esclave
qu'elle avait acheté *a non domino* et le lui porte en
dot, quoiqu'elle ne soit pas forcée à faire le délais
par jugement, elle aura l'action *ex empto* d'après
Africain (24, XXI, 2). Remarquons que notre définition de l'éviction embrasse également ce cas. Par
ce fait, la femme perd, non pas l'esclave, mais une situation juridique de femme dotée dans l'espèce ; mais,

___

(1) Cf. Note de Godefroid sur cette loi.

dans le sens étroit du mot, il n'y avait pas éviction puisqu'il n'y avait pas jugement; donc, l'acheteur n'aurait rien obtenu par l'action *ex stipulatu*.

Il en serait de même pour les droit de patronat dans les cas de ventes mobilières.

Si vous m'avez vendu le fonds d'autrui et que je l'acquière *ex lucrativa causa*, je n'en aurai pas moins l'action *ex empto*.

5. Il résulte de ce que nous avons dit que la *stipulatio duplæ* était devenue complétement inutile. Seulement, comme il est certain que les parties pouvaient convenir qu'elle n'aurait pas lieu; après l'éviction, un débat pouvait s'élever sur le point de savoir si le vendeur en avait été dispensé. L'accomplissement de la stipulation avait dû finir par prévoir cette difficulté.

On peut résumer les cas de commise de la *stipulatio duplæ* en trois points principaux :

1° Il faut qu'une sentence judiciaire ait déclaré l'acheteur et tous ses ayant cause, même à titre particulier, sans droits sur l'objet de la vente (1), et qu'ils soient dépouillés par une suite directe de la chose ou de sa valeur;

2° Que ce soit la chose principale et cette chose tout entière qui soit l'objet du litige (2);

---

(1) L. 22, § 1, D., XXI, 2, et 21, § 2, *h. t.*

(2) L. 5, 8, 16, 42, 43, D., XXI, 2, et 56, § 2, *h. t.* Dans la loi 64, *h. t.*, une convention formelle est certainement intervenue.

3° Que l'éviction soit bien le résultat de la sentence, c'est-à-dire qu'au jour du jugement rien n'ait manqué à l'acheteur pour avoir la propriété, si ce n'est de tenir son titre du propriétaire (1).

6. Le but de la clause pénale était le plus souvent de prévenir les contestations sur les dommages-intérêts, sur le *quantum ea res est*, dont l'appréciation était abandonnée par la formule à un *judex* qui ne paraissait pas avoir la confiance des parties contractantes, si l'on en juge par les emplois fréquents que faisaient les Romains de ces stipulations, et dont j'ai énuméré les principaux.

Du reste, soit que la garantie fût la promesse du fait d'un tiers (vente de la chose d'autrui), soit qu'elle eût pour objet un *facere* (défense), soit un *non facere* (exception de garantie). *In ejusmodi stipulationibus optimum erat pœnam subjicere.* L'ancien droit romain avait pour maxime constante de n'abandonner à l'arbitrage du juge que la connaissance d'un simple fait ; de sorte que l'habitude seule expliquerait l'emploi fréquent que l'on faisait de cette stipulation, si l'immense avantage qu'elle offrait à l'acheteur n'en était pas une raison suffisante. Il ne

_____

(1) Si les traditions ou mancipations avaient fait défaut, il serait plus vrai de dire que c'est le vendeur qui est dépouillé. Paul., *Sent.*, II, 17, § 1 et 3. L. 11, § 2, D., XIX, 1. L. 61 et 62, D., XXI, 2.

faut pas croire, en effet, qu'ajoutée à un contrat de
bonne foi, elle fût seulement, comme en droit français, la compensation des dommages-intérêts (1).
Par argument d'analogie tiré de la loi 28 (2), il est à
croire que l'acheteur était toujours indemne.

Vous m'avez vendu un fond, et il a été convenu
que je ferai quelque chose à défaut de quoi j'ai promis une peine. Le jurisconsulte répond : Le vendeur, avant d'employer la stipulation pénale, peut
agir par son contrat. S'il obtient ainsi ce qu'il avait
stipulé à titre de peine, il sera repoussé par une exception de dol dans l'action *ex stipulatu*. S'il a poursuivi la peine par cette action, il ne pourra demander *ex vendito* que jusqu'à concurrence du surplus
des dommages-intérêts.

Je crois que ce texte est parfaitement applicable
dans le cas de l'action *ex empto*. La loi 74, *fr.* XXI,
2, dit bien.

S'il a été convenu de donner en cas d'éviction
plus ou moins que la somme qui formait le prix, on
doit respecter cette convention. Mais le correctif doit

_____

(1) Art. 1229, C. civ.

(2) « Si ex stipulatu pœnam consecutus fueris, ipso jure ex vendito agere non poteris, nisi in id quod pluris ejus interfuerit id
fieri. » Mais il s'agit du prix et non de garantie, et cette loi est un
cas tout particulier qui pourrait donner lieu à bien des commentaires. L. 28, D., XIX, 1.

être dans le cas où cette somme stipulée dépasse le *quod interest*.

La preuve que ce droit existait pour l'acheteur, c'est qu'il dut devenir abusif à l'époque où l'action *ex stipulatu* lui fut toujours accordée, et qu'une constitution du Code (I, VII, 47) dut, pour rétablir les chances, décider *hoc quod interest dupli quantitatem minime excedere* (1).

7. Nous savons pourquoi le taux le plus ordinaire de cette *pœna* était du double. A l'époque classique, elle pouvait facilement dépasser cette mesure, à condition qu'elle ne cachât pas un prêt usuraire, but qu'il était facile d'atteindre par la vente de la chose d'autrui d'un compère du prêteur consentie par l'emprunteur lui-même au bailleur de fonds. Malgré la différence qui sépare ce mode d'agir du contrat pignoratif, son résultat était aussi immoral, et une loi au Digeste semble le prévoir (2).

Quand il y avait commise de la stipulation, l'acheteur avait le choix entre l'action *ex empto* et l'action

---

(1) *Addè* 37, 2, XXI, 2, où l'on dit que le *duplum* ne doit être promis que dans les choses précieuses, je croirais que les choses précieuses sont ici les choses qui ne sont pas fongibles. L'esclave le fut d'abord comme les animaux de labour ; mais plus tard, lorsqu'il y eut des grammairiens, des médecins, des artistes, l'édit des édiles fit promettre le double dans ces ventes.

(2) L. 13, § 26, D., XIX, 1. Mais c'est encore par analogie.

ex stipulatu. Il suit de là que notre stipulation n'est pas la seule source d'action et ne joue pas, dans la vente, contrat *juris gentium* muni d'une action, le rôle qu'elle joue dans ce contrat *de facere* dont parle Paul au Digeste (1), qui n'était pas sanctionné par une autre action, avant Justinien (2), que celle résultant de la clause pénale.

(1) L. 44, § 6, XLIV, 7. Si je stipule de vous la confection d'un navire, et s'il n'est pas fait cent; y a-t-il là deux stipulations? une pure et simple et une conditionnelle. Il se demande si la *conditio* arrivant ne détruit pas la première ou s'il s'opère une novation, ce qui est plus vrai. Une foule de lois au Digeste décident le contraire; mais il était sinon plus vrai, au moins plus avantageux, de poursuivre la *stipulatio* que l'*incertum*.

(2) Const. de Justinien, 8, code, VIII, 42. Aucune novation ne pourra désormais s'établir par présomption.

CHAPITRE V.

DES EFFETS DU RECOURS.

1. Après avoir étudié la raison du recours en garantie, ses causes, son mode d'exercice, il ne nous reste plus qu'à connaître ses effets.

Ils diffèrent selon que :

1° L'acheteur a renoncé à la garantie ;

2° Il agit par l'action *ex empto ;*

3° Il agit par l'action *ex stipulatu.*

Le pacte *de evictione non præstanda* rend-il la vente *incerta,* aléatoire ou affranchit-il simplement le

vendeur des dommages-intérêts ? Cette question a été
longuement discutée entre les romanistes, sans que
pour cela ils l'aient éclaircie. B o h m e r père et fils
soutinrent la première opinion contre tous leurs contemporains, le premier dans l'ouvrage intitulé :
*Vindiciæ juridicæ pacti de non præstanda evictione
contra communes errores,* auquel A l e f répondit par :
*Veritas communis opinionis circa pactum de non
præstanda evictione contra novissimas Bohmeri errores vindicata ;* le second dans sa réplique et dans la
préface du quatrième volume des *Exercitationes ad
Pandectas.*

Alors R i c h t e r et M u l l e r vinrent remplacer A l e f
dans la lutte.

Voici le texte litigieux :

Etsi (1) aperte in venditione comprehenda-
tur, nihil evictionis nomine præstatum iri, pretium quidem deberi, re evicta, utilitatem non
deberi : Neque enim bonæ fidei contractus hanc
patitur conventionem, ut emptor rem amitteret,
et pretium venditor retineret, nisi forte, inquit,
si quis omnes istas suprascriptas conventiones
recipiet, quemadmodum recipitur, ut venditor
nummos accipiat, quamvis merx ad emptorem
non pertineat, veluti cùm futurum pactum re-

(1) L. 11, D., XIX, 1.

tis a piscatore emimus.............................
nam etiamsi nihil capit, nihilominus emptor
pretium præstare necesse habebit, sed in su-
prascriptis conventionibus contra erit dicendum,
nisi forte sciens alienum vendidit. Tunc enim,
secundum supra a nobis relatam Juliani sententiam, dicendum est ex empto eum teneri
quia dolo fecit.

2. Il résulte de ce texte que la divergence d'opinion existait même avant les romanistes chez les Romains. Ulpien est pour Böhmer dans la première
partie; Julien pour Alef dans la seconde. Mais ce
dernier fait une exception dans le cas de vente d'une
espérance, d'une prétention et non d'un droit. De
même le premier, mais dans un sens contraire,
excepté les cas de dol. En un mot, Titius me vend
sans' garantie; d'après Ulpien, c'est toujours la
vente d'un coup de filet; d'après Julien, il faut
voir l'intention des parties qui se montrera dans la
quotité du prix par exemple. Ce ne serait donc, à mon
avis, qu'une question d'interprétation plus ou moins
étendue. Mais aucun principe du droit romain ne peut
faire décider positivement d'un façon plutôt que d'une
autre. A ceux qui demandent la restitution du prix
au nom de brocards tels que : Il faut interpréter stric-
tement la renonciation, *Pactionem obscuram vel am-
biguam venditori nocere; Semper in obscuris quod*

minimum est sequimur : On ne peut s'enrichir aux dépens d'autrui ; nous répondrons en citant les nombreuses lois du titre de *hereditate vel actione vendita* (1), qui mettent toujours tous les risques sur la tête de l'acheteur.

3. Malgré les hésitations des deux jurisconsultes, les commentateurs voulurent une règle précise, et ils décidèrent qu'il est inique que l'acheteur soit privé de l'objet vendu et du prix. C'est ainsi, en effet, que dans les temps modernes la loi se met à la place des parties, règle le taux de l'intérêt, ce qu'un vendeur peut perdre sur la valeur de l'objet (les 7 1/2 pas davantage) *Uti lingua nuncupassit ita jus esto,* disait avec plus de raison l'unique loi romaine. Mais Cujas (2), dominé par la maxime *iniquum emptorem carere re et pretio,* tirée, je crois, du droit canon, interpréta dans ce sens la const. 27, VIII, 45 :

> Si fundum sciens alienum vel obligatum comparavit Anthenocles ; nisi quidquam de evictione convenit : quod eo nomine : dedit contra juris possit rationem.

Si Anthénoclès a sciemment acheté le fonds d'autrui

---

(1) Dig., liv. XVIII, tit. 4. Voir principalement les fragments 10 et 11, *hoc titulo.*

(2) Il n'y avait, d'après cet auteur, qu'un cas où le prix ne pût être réclamé malgré l'éviction, c'est celui de la loi 2, § 1, XLIV, 5 : « Si in alea rem vendam ut ludam, et evicta re conveniar, exceptione summovebitur emptor. »

4

ou hypothéqué et qu'il n'ait rien stipulé touchant l'éviction, il réclame, contrairement au droit, ce qu'il a donné pour l'éviction. *Nam si ignorans, desiderio tuo juris forma negantis hoc reddi refragatur.*

Dumoulin et Pothier ont appliqué à l'action *empti* les principes relatifs à l'action *ex stipulatu*. *Stricto jure*, en effet, dès que la chose est l'objet d'une éviction, la somme stipulée est due en entier par le vendeur.

Il en résulterait que le vendeur supporterait les risques et périls de la chose vendue, ce qui ne peut arriver que dans une législation qui déclare la vente de la chose d'autrui nulle et fait de l'éviction une condition résolutoire, et par conséquent donne une action en répétition du prix.

Mais, au point de vue de l'équité, cette doctrine, qui est celle de notre code et que nous examinerons plus tard, donne des résultats bizarres.

Le vendeur est responsable de la détérioration, mais non de la perte totale qui n'est que la détoriation poussée à l'extrême limite, et, de plus, l'acheteur est ainsi intéressé à être évincé.

4. Il résulte des lois 70, 45, 15, etc., XXI, 2, que les jurisconsultes romains ne distinguaient ni le prix, ni les frais comme notre article 1630, et confondaient le tout dans l'idée du *quod interest*, idée tout à fait conforme avec cet autre principe qu'après la vente

le *commodum* et le *periculum* sont pour l'acheteur.
Cependant deux auteurs allemands, Gluck et Mühlenbruch (1), font une distinction.

Si la chose sur laquelle porte l'éviction, disent-ils, n'a été ni augmentée ni diminuée en nature, depuis la vente, elle sera estimée d'après le prix qu'elle avait à ce moment, sans avoir égard à l'augmentation ou à la diminution de prix qui peut avoir eu lieu depuis. Si au contraire, la chose a été augmentée, diminuée ou s'est détériorée, elle sera estimée selon la valeur qu'elle avait au moment de l'éviction.

Voici le texte sur lequel ils s'appuient.

Titius, à sa mort, a laissé à Seia, Stichus, Pamphile et Arescuse, à condition qu'après un an elle leur donnerait la liberté. Ayant répudié le legs, sans délivrer l'héritier de son obligation (2), ces esclaves sont vendus à Sempronius en oubliant le fidéicommis. de sorte que c'est Sempronius qui après quelques années donne la liberté à Arescuse, les autres esclaves la réclament alors et l'héritier est obligé de les racheter pour les affranchir. Arescuse elle-même refuse d'avoir l'acheteur pour patron. Quels sont, dans ce cas, les droits de l'acheteur à l'égard d'Arescuse?

(1) Gluck, XX, 349. *Pand.* Mühlenbruck, 401, notes 6 et 7, *Doctrina Pandect.*

(2) Voir L. 33, § 3, D., XL, 5.

La loi 43, XIX, 1, le décide.

Paul, contrairement à l'avis d'Ulpien, et d'après celui de Julien, dit bien que l'affranchissement n'a pas enlevé à l'acheteur l'action *empti*, fondée sur ce qu'il a perdu le droit de patronat sur Arescuse qui a préféré avoir l'héritier pour patron. Mais l'objet de cette action sera seulement l'intérêt qu'avait Sempronius à garder ses droits de patronat et non le prix, comme le pense Glück, contrairement aux lois 45, XIX, 1, et 70, XXI, 2, qui sont formelles.

> Sicut minuitur præstatio si servus deterior apud emptorem effectus sit, cum evincitur.

Après l'éviction, l'action *ex empto* ne sert pas pour obtenir le prix, mais pour être désintéressé ; donc, si la valeur est moindre, la perte est pour l'acheteur.

Cependant Pothier pensait, d'après Dumoulin (1), que le prix devait dans tous les cas être restitué (2).

---

(1) Dumoulin, *De eo quod interest*, 68 et 69.

(2) Pothier, *Vente*, 69. *Contrà* Domat, *L. civiles*, I, 2, sect. 10, n° 14. Si, au contraire, dit-il, la chose vendue est détériorée ou diminuée, soit par sa nature, comme une vieille maison, ou par un cas fortuit, comme si un débordement a entraîné une partie d'un héritage, ou la chose étant au même état, la valeur en est diminuée par l'effet du temps. Dans tous ces cas ou autres semblables, où la chose vendue vaut moins, au temps de l'éviction, que le prix que l'acheteur en avait donné, il ne pourra recouvrer contre le vendeur que la valeur présente lorsqu'il est évincé, car ce n'est qu'en cette valeur présente

En un mot, la question posée au juge est celle-ci : qu'a perdu l'acheteur par l'effet de l'éviction, au moins dans la plupart des cas.

Mais je pense que l'on peut quelquefois étendre encore le *quanti interest restituere*, et que l'acheteur pourra réclamer tout ce qu'il avait à gagner au contrat d'une manière ou de l'autre. Ainsi, en reprenant l'hypothèse de la perte de l'action *ex stipulatu* par *plus petitio*, je dis que l'acheteur avait le droit de demander ce *duplum* qu'il avait stipulé au moment du contrat sans qu'on pût lui opposer l'*exceptio rei in judicium deductæ*. Si aucun texte ne le dit formellement, les nombreuses lois qui permettent de demander, par l'action *ex empto*, précisément cette stipulation, nous autorisent à décider que par analogie il pouvait demander ce qu'il avait stipulé, et, sans avoir à prouver le *quod interest*, réclamer le double du prix de la partie évincée, en se conformant cette fois aux règles touchant la quantité.

5. A part la distinction que nous venons de faire entre les cas où il y a lieu à garantie et ceux où cette obligation de vendeur a été exceptée, nous devons faire une sous-distinction pour les premiers entre ceux où l'acheteur exerce l'action *ex stipulatu*

---

que consiste la perte qu'il souffre. Et comme la diminution qui avait précédé regardait l'acheteur, il ne doit pas profiter de l'éviction.

et ceux où il poursuit son droit par l'action du contrat.

En apparence, cette division répond à peu près à celle de garantie légale et de garantie convention-nelle. Mais il faut remarquer que la *stipulatio du-plæ* était imposée par les usages dans la plupart des cas (1), et que ces usages trouvant une sanction dans l'action *ex empto*, ce n'était plus la garantie conven-tionnelle proprement dite. La différence venait de la procédure et surtout de l'objet. Par l'action *ex stipu-latu*, on obtient un *certum* si les faits sont perti-nents. Par l'action *ex empto*, on demande un *incer-tum* soumis à l'appréciation du juge. C'est *quanti interest rem venditoris fuisse* (L. 8, XXI, 2), et même soumis au *juramentum in litem*, si l'on admet que l'action est *arbitraria* (2).

Nous allons cependant voir comment les juriscon-sultes ont essayé de faire plier cette *condictio certi* devant l'équité, selon les cas d'éviction.

6. La règle de l'action *ex stipulatu*, quant à la de-mande, se trouve au *principium* de la fameuse loi *Ex mille* (3).

Si totus fundus quem flumen diminuerat evic-

---

(1) Le consentement est alors provoqué par le préteur ou l'édile, car ce peut être une stipulation édilitienne.

(2) V. Savigny, V, p. 437.

(3) L. 64, D., XXI, 2. Elle est surtout fameuse par l'interprétation.

tus sit, jure non diminuetur evictionis obligatio. Non magis, quam si incuria fundus aut servus traditus deterior factus sit. Nam e contrario
non augetur quantitas evictionis, si res melior
fuerit effecta.

Si tout le fonds vendu a été revendiqué, dit Papinien, après qu'il avait été diminué par les envahis-
sements d'un fleuve, l'obligation résultant de l'éviction (il s'agit ici de la *stipulatio duplæ*) n'en est pas
diminuée, comme elle ne le serait pas si le fonds ou
l'esclave s'était détérioré par l'incurie du propriétaire; et par contre l'obligation de l'éviction n'augmenterait point à raison des améliorations qu'aurait
reçue la chose qui est l'objet de l'éviction.

Voilà la règle générale dans le cas d'éviction
totale.

7. Nous savons que d'après les lois 36, 42, et suiv.,
XXI, 2, l'acheteur n'a pas l'action *ex stipulatu* dans
le cas d'eviction d'une partie *hétérogène*, si elle
n'était pas énumérée dans la vente.

Une de ces lois fait la distinction suivante :

L'acheteur d'une vache, si le veau né après la
vente est évincé, ne peut agir *ex stipulatione* parce
que ni la vache ni l'usufruit n'est enlevé. Lorsque
nous appelons le veau le fruit de la vache, nous ne
nous occupons pas du droit, mais du fait; absolument comme le blé, le vin, sont appelés les fruits

des champs, quoique ce ne soit pas l'usufruit. Donc
dans le cas d'éviction de l'usufruit (1), c'est-à-dire
d'une partie homogène et intégrante de la chose, il
faudra adopter une autre solution (2).

L'acheteur obtiendra sans doute une quotité de la
somme proportionnée à la quotité de la chose qu'il
perd en considérant cette chose, non pas telle qu'elle
est au moment de l'éviction, mais telle qu'elle était
au moment de la vente. Cela ressort de la loi *ex
mille* où Papinien examine différents cas d'évictions
pro indiviso, en concurrence avec des inondations et
des débordements.

Sur 1000 arpents livrés, le fleuve en emporte 200 ;
après quoi vient une éviction par indivis de 200, il
y a lieu à l'action *ex stipulatu* pour le cinquième
et non pour le quart. Nous en avons déjà donné le
motif et ce sera le même s'il y a eu alluvion.

Mais Papinien continue à compliquer ses hypothèses, et suppose, au § 2, qu'un fonds de 1000 arpents
vous est vendu et que le débordement est compensé
par l'alluvion, que le même fleuve a rendu d'un côté
ce qu'il a pris de l'autre. Survient une éviction pour

(1) L. 15, *h. t.*

(2) C'est alors que Justinien considère l'usufruit comme une simple servitude, I, *De leg.,* § 9. Conf. L. 83 et s., *De leg.,* I ; nous savons qu'il faut que le fonds soit vendu *uti optimus maximus* pour la
garantie des servitudes.

le cinquième toujours par indivis. Quelle sera la quotité de la stipulation? Si on considère le fonds tel qu'il
était au moment de l'éviction, l'acheteur pourra réclamer un cinquième du *duplum* par lui stipulé, si on le
considère tel qu'il était après la perte des 200 jour-
naux, abstraction faite des 200 que ce vendeur ne
doit pas garantir, l'acheteur aura droit au quart de
la somme stipulée. Le jurisconsulte rejette l'une
et l'autre solution. Il raisonne ainsi : Ce qui est
resté du fonds vendu se réduisait à 800; donc le
cinquième sur lequel a porté l'éviction était de 160.
Et quant aux autres 40 arpents qu'il faut y ajouter
pour avoir le cinquième de mille, ils n'avaient pas
été vendus; ils étaient acquis par alluvion, et le
vendeur n'en répond pas; donc la quotité du *duplum*
sera réduite à un sixième environ. Si nous supposons que ce champ a été acheté à raison d'un ses-
terce l'arpent au lieu d'avoir 400 sesterces, l'acheteur
n'en aura que 320.

Cujas et Dumoulin approuvent cette décision;
mais ils sont divisés sur la question de savoir si on
doit l'appliquer au cas où l'alluvion se ferait du
même côté où a eu lieu l'enlèvement par la violence
des eaux. Cujas dit qu'alors le vendeur est tenu de
payer 400. Dumoulin prétend que non, si l'ac-
croissement s'est fait *ex intervallo*.

Je crois que les Romains s'inquiétaient fort peu de

savoir si c'était le même terrain qui était emporté et rapporté. Le panthéisme antique leur faisait accorder une puissance d'expropriation et d'appropriation à ces fleuves dont ils ne pouvaient conjurer le courroux.

Si une rivière, abandonnant complétement son premier lit, se met à couler ailleurs, le premier lit appartient aux riverains, et le nouveau cours est public. Si après quelque temps elle revient à son premier lit, c'est aux riverains que revient le nouveau. 23 Inst., II, 1.

Il faut donc appliquer ce mode de calcul de la quotité de la stipulation à tous les cas, même à celui où il s'agit d'une île, en exceptant toutefois, comme le font les Instituts, celui où il y a seulement inondation.

Dans le cas d'éviction pour une portion divise, l'estimation doit être faite *pro bonitate loci*; *æstimabitur loci qualitas*, dit la loi 1, *in fine*, XXI, 2, et toujours *venditionis tempore non cum evinceretur*, 13, *h. t.*; mais il ne parle que des évictions partielles. C'est qu'il s'agit de l'action *ex stipulatu*.

D'après les lois que nous venons d'étudier, l'on peut ainsi formuler une règle générale :

L'indemnité que l'on peut poursuivre par l'action *ex stipulatu* est une quotité de la somme stipulée, qui se détermine par le rapport de la quotité évincée à la totalité du fonds considéré dans l'état où il était au moment de la vente.

Cette règle était excessivement importante à Rome, précisément à cause de la rigueur de sa sanction. Dans les *actiones certæ*, en effet, *plus petitione causa cadebat*, comme dans les anciennes actions de la loi.

Si par exemple dans le cas d'éviction du sixième, l'acheteur demandait le cinquième de la *stipulatio*, l'*intentio* ne se trouvant pas vérifiée *reus absolvebatur*. Mais le *minus* que le demandeur aurait pu justement réclamer se trouvait compris dans le plus qu'il n'a pu justifier, et par suite il était *res in judicium deducta*; c'est-à-dire consommé, éteint, sans possibilité de le réclamer plus tard avec succès par une nouvelle action *ex stipulatu*. Heureusement pour le demandeur, les principes d'équité avaient admis en concours avec l'action *ex stipulatu* l'action *ex empto* dont nous allons nous occuper.

8. L'action du contrat de vente qui est *bonæ fidei* a, comme nous le savons, pour objet non pas un *certum*, mais l'intérêt laissé à l'appréciation du juge que l'acheteur avait à garder la chose dont l'éviction l'a privé.

Il en résulte une première différence très-importante avec l'action *ex stipulatu* : c'est que la valeur de l'objet vendu sera estimée non au moment de la vente, mais au moment de l'éviction.

Toutefois, ajoute la loi 43, XIX, 1, comme un correctif dicté par l'équité qui fait la règle dans cette matière, si vous réclamez une somme excédant tellement le prix qu'elle n'ait pu entrer dans les prévisions du vendeur, comme si vous prétendez que l'esclave acheté à vil prix est devenu un artiste dramatique, il est injuste qu'une si grande obligation lui incombe.

Nous savons qu'une constitution au Code fixa comme maximum le double du prix. Elle a peut-être été introduite pour éviter le *juramentum in litem* excessif, si l'action était *arbitraria*.

Ainsi, sauf cette restriction, les impenses utiles et les voluptuaires devront être remboursés à l'acheteur, ainsi que les frais de transport et de délivrance.

Quant aux impenses nécessaires, comme tout possesseur peut opposer l'exception *doli* au revendiquant qui n'en offre point le remboursement, le vendeur de bonne foi aura à son tour cette exception pour l'opposer à l'acheteur qui ne s'en sera pas servi à l'égard du propriétaire (45, f. 1, XIX, 1).

9. La garantie doit s'exercer, dans le dernier état du droit, par l'action *ex stipulatu*, dont les règles, modifiées par certains principes d'équité, se rapprochaient de plus en plus de celles de l'action *ex empto*.

Mais cette règle, qu'elle tenait de sa nature même d'être encourue pour le tout par suite d'une inexécution même partielle, survécut toujours, sauf convention contraire; c'était l'intérêt de l'acheteur, et comme il pouvait, dans la plupart des cas, employer l'action *ex stipulatu*, Vénuléius dit en s'occupant du *plerumque fit*:

> Venditoris heredes in solidum omnes conveniendi sunt quia in solidum defendenda est venditio, cujus indivisa natura est (1).

C'est que chaque héritier avait intérêt à défendre la vente de l'auteur commun pour le tout, afin d'éviter l'effet de la clause pénale. Mais une preuve qu'ils ne sont pas tenus *in solidum*, que l'obligation est parfaitement divisée entre eux, résulte de ce passage de Celsus, où il est dit: « Omnibus denunciari et omnes defendere debent (2). »

Telle est la source de controverses séculaires, de l'erreur de tous les grands commentateurs de la renaissance des études du droit romain, qui aujourd'hui ne mérite plus une discussion, après l'ouvrage de l'éminent et regretté professeur de la Faculté de droit de Toulouse, sur la divisibilité et la solidarité.

(1) L. 139, D., XLV, 1.
(2) L. 62, § 1, D., XXI, 2.

DEUXIÈME PARTIE

DROIT COUTUMIER.

1. La garantie en cas d'éviction, que nous allons maintenant étudier d'après nos auteurs coutumiers, diffère complétement de celle dont nous avons exposé la théorie d'après le Digeste. Et, hâtons-nous de le dire, il n'en saurait être autrement.

Dans le droit germanique, la vente consistait dans la transmission de la propriété par la *festucatio*. Les formules qui nous sont restées ne cessent de répéter : *Emptio venditio sola pretii numeratione et rei ipsius traditione* (1) *consistit*. Quant au droit gallo-romain, nous savons que la compilation de Justinien était inconnue dans la Gaule, et d'après un texte de Paul commenté dans la loi romaine des Wisigoths (Paul, *Sent.*, II, 17), on disait que la tradition devait toujours parfaire la vente. On en vint bientôt à ne plus séparer la convention de l'exécution, et dans les statuts de la ville de Montpellier, il est dit que la vente n'est pas faite tant qu'il n'y a pas eu transfert de propriété.

Pour confirmer cette décision de Paul, les compilateurs wisigoths faussèrent un texte de l'*epitome* de Gaius, qui, on le sait, entrait, avec les *Sentences* de Paul, dans la *lex romana Wisigothorum*.

Déclarant nulle la stipulation ayant pour objet une chose qui n'est pas dans le commerce, Gaius ajoute :

> Idem juris est si rem sacram, aut religiosam
> quam humani juris credebat.

D'après la paraphrase, c'est *quæ sui juris non sunt*, et le contrat portant sur la chose d'autrui est ainsi assimilé à une convention ayant pour objet une chose impossible.

Cette doctrine fut acceptée par le droit canonique, qui cependant suivait le plus souvent les doctrines romaines.

(1) C'est-à-dire transmission de la propriété.

Et quidem leges sæculi, dit le pape Grégoire (1), hoc habent ut hæres ad solvendum cogatur si actor ejus rem legaverit alienam, sed quia lege Dei, non autem lege hujus sæculi vivimus, valde mihi videtur injustum, ut res tibi legatæ quæ cujusdam ecclesiæ esse perhibentur à te teneantur qui aliena restituere debuisti.

2. Beaumanoir se rattache formellement à cette théorie, je ne dirai pas de la nullité, mais de l'impossibilité de la vente de la chose d'autrui, dans le § 53 du chap. XXXIV, de sa coutume de Beauvaisis, où il s'exprime ainsi :

Si aucuns demande aucune coze par la reson de ce qu'on li a convenencié et le coze convenencié n'est pas ni ne pot estre, si comme s'aucuns convenence aucune coze a doner se fille qui a nom Jehanne à mariage à Phelippe et le fille muert avant que li dons soit livrés par le mariage ; ou s'aucuns convenence à donner son palefroi blanc et on le trueve mort; ou s'aucuns convenence à bailler, à prester, ou à doner aucune coze à aucun, laquele il quide qu'elle soit en sa baillie, et elle n'i est pas, ançois est perdue ; ou chil qui le convenencha cuidoit

_____

(1) *Décrétale*, III, 26, C. V.

qu'elle fust soie , et elle est à autrui , si que il
n'a pooir de tenir le convenence : toutes tex
convenences sont de nulle valor.

Mais voirs est s'ele fut convenenciée à bailler
et à livrer par cause de vente, et cil qui vendi
a reçeu aucunne coze du prix de la vente , il le
doit rendre puisqu'il ne pot le coze vendue délivrer. Et s'on aperchoit qu'il fist la vente mali-
cieusement , comme cil qui bien savoit que le
coze vendu n'estoit pas soie, il doit estre contraint de tant fere que la vente tiengne par le
gré de celi qui le coze est , et sil ne le pot , il
restors le damace soufisant à l'achepteur et se
soit le *marcié de nulle valeur* (1).

Ainsi , d'après cet auteur coutumier , la vente de
la chose d'autrui est nulle , parce qu'elle est impossible ; mais comme ce n'est pas une impossibilité
physique , le vendeur doit faire tous ses efforts pour
la lever , c'est-à-dire, en cas de troubles de la part
du propriétaire , chercher à transiger en prenant le
fait et cause de l'acheteur. S'il savait que la chose
appartînt à autrui , et si ces moyens ne réussissent

_____

(1) Baumanoir, grand bailli de Philippe le Hardy , sénéchal de
Saintonge, bailli de Vermandois, Tours, etc., composa, en 1283, sous
le titre de *Coustumes de Beauvaisis* , un recueil très-dogmatique de
droit coutumier en général où le droit romain, dont on peut cependant reconnaître les traces, ne se trouve jamais cité.

pas , rendre le prix , car le *marcié est de nulle va-leur*, et payer des dommages-intérêts ; mais s'il était de bonne foi , il rendra simplement ce qu'il a reçu sans causes et ne devra pas la garantie, car dans tous les cas les *convenences* sont de nulle valeur.

3. Excepté un seul coutumier, le *Liber Petri* (1) de Valence en Dauphiné , tous nos anciens jurisconsul-tes , Bouteiller , Jean Faber , Loysel , Delau-rière , Domat , du nord au midi, en deçà comme au delà de la Loire , sont unanimes pour admettre cette théorie , qui est l'opposée de celle de Justinien.

D'après le Digeste , en effet, la vente est parfaite par le seul consentement des parties : Et le prin-cipe : *Non nudis pactis sed traditionibus dominia rerum transferuntur*, fait qu'elle donne seulement le droit de réclamer des dommages-intérêts si la chose est à autrui et que la possession n'en puisse être trans-mise à l'acquéreur.

Supposons donc qu'il soit troublé dans l'exercice de la propriété de la chose vendue : il appellera son vendeur en garantie , et cela dans les deux législa-tions. Mais la différence commence ici : c'est qu'à Rome , peu importait l'issue de la revendication :

(1) *Les exceptiones Petri* sont un traité pratique de droit romain , composé dans le royaume de Bourgogne avant que le droit romain ne brillât en France du vif éclat qu'il obtint depuis dans l'*Aula Pla-centina* de Montpellier, c'est-à-dire vers le milieu du onzième siècle.

l'évincé n'en restait pas moins acheteur et le seul
adversaire dans la lutte, qu'il ne pouvait déserter,
puisque la vente n'en subsistait pas moins sans le
transfert de la propriété.

En France, au contraire, dès le commencement
de la contestation, la validité de la vente était mise
en doute, et c'était le vendeur seul qui était intéressé à combattre pour la maintenir ; l'acheteur pouvait se retirer.

Voilà pourquoi il devait bien se garder de prendre la défense à l'instance. Au lieu d'avoir le temps
d'appeler son garant jusqu'à la veille du jugement,
tous nos auteurs lui recommandent de se presser :

> Si tost que l'acheteur est poursuivi de la chose
> qu'il a achetée, il doit sommer à son vendeur
> et garand ou à son hoir, avant que rien entas-
> mer de procès à peremptoire ; ou autrement, il
> met en péril la recourance de la garandie (Bou-
> teiller, *Somme rurale*, tit. 33).

Et Beaumanoir (1) :

> Bien se gart cil qui pot avoir garant de le
> coze qui li est baillée, que, s'on le met en plet,
> qu'il requière for à avoir son garand par li def-
> fendre de quelque coze que ce soit ; car s'il va
> avant au plet sans celi qui li doit garantir et

_____
(1) Coutume de Beauvaisis (11, 35).

sans li monstrer qu'il li viegne porter garand,
et il le pert par plet, par mise (1) ou en autre
manière, li garantisseres n'est pas tenu, puis la
perte fete, à li tenir garandie de le coze qu'il a
perdu sans li amonester qu'il l'en portast garant ; se cil qui le garantie veut avoir ne fet
tant que le coze resoit et mesme estat qu'ele estoit el commencement du plet. Car de ce que
doi garantir, cil à qui se doï la garandise ne pot
pledier à mon damace, sans moi apeler ; et s'il
en plaide et il pert, li damaces en est siens.

Toutefois, par crainte d'une collusion entre le
vendeur et le revendiquant, l'acheteur peut rester en
cause pour veiller à ses intérêts, et alors la condamnation prononcée contre le garant s'exécutera
contre le garanti pour le principal, mais non pour
les accessoires : frais, dépens et dommages-intérêts, à moins que le garant sur qui ils retombent ne
soit insolvable. Dans ce cas, d'après certains jurisconsultes, ce serait au garanti à tout payer.

Cette garantie était appelée *garantie formelle*, par
opposition à la garantie du droit romain, qui est un
débat au possessoire purement personnel, appelée
garantie simple.

La garantie formelle n'était exercée qu'à raison de

(1) Arbitrage.

la propriété de l'objet vendu. Toutes les fois que
l'action intentée était réelle ou hypothécaire (1)., le
garant devait prendre le fait et cause du garanti,
pourvu qu'il eût été sommé à temps ; car s'il est
vrai, comme dit Charondas, qu' « on peut sommer
en tout temps et en tout état de cause le vendeur,
toutefois il y a distinction, parce que s'il est sommé
après contestation en cause ; le demandeur en sommation qui a contesté demeurera en cause, et le
garant seulement joint, pour assister au procès, et
défendre avec lui selon les appointements donnés
au principal, sans que pour cela il soit aucunement
retardé, et ainsi le contient le Styl. du Chastelet
et l'édit du roi donné sur iceluy (2) : »

« Mais si dès le commencement de la cause le garant est appelé, s'il compare, il sera resceu à prendre le fait et cause pour l'achepteur, qui l'auroit faict
appeler, et lequel achepteur qu'on appelle garanti sera
mis hors de Cour, à la charge portée par l'ordonnance que le jugement donné contre le garanti,
sauf les despens dommages-intérêts.

» Il y a deux sortes de garands, l'un appelé formel ou absolut, qui est celuy duquel nous parlons,

(1) L'action hypothécaire contre les tiers est pure réelle (Coquille,
Cout. du Nivernais, sur l'art. 3).

(2) (Bourdin, ordonnance de 1539, art. 10) (Charondas, *in S. R.*),
au titre 33.

lequel est tenu de prendre la cause et défence pour
celui qui l'auroit sommé, y entrer en son lieu, et tel
garand est receu es actions réelles et hypothécaires.
Et le garand simple ou contributeur, comme le
nomme mon vieil practicien, qui peut seulement
estre receu à se joindre en cause et assister demandeur qui l'a sommé, lequel a lieu aux actions personnelles. »

4. Voici, du reste, les différences qu'il y avait entre
ces deux garanties d'après Ferrières (*hoc verbo*) :

« La garantie formelle est celle où le garant est
obligé de prendre le fait et cause de celui qui est
poursuivi par action réelle ou hypothécaire. Dans la
demande en garantie formelle, on dénonce au vendeur la demande en déclaration d'hypothèque faite
au demandeur : *A la requête de tel, par exploit d'un
tel jour, à ce qu'il ait à la faire cesser, sinon condamné d'en acquitter, garantir et indemniser le demandeur tant en principal, arrérages ou intérêts,
frais, dommages et dépens, tant en demandant, dé-
fendant, que de la présente sommation.*

» La garantie simple est celle où le garant est
obligé d'acquitter le garanti de la dette pour le tout
ou pour partie, mais n'oblige pas néanmoins le garant, ainsi improprement nommé, à prendre le fait
et cause de celui par qui il est sommé, mais seulement de se joindre à lui. »

Il y a plusieurs différences entre la garantie formelle et la garantie simple :

La garantie formelle ne peut jamais avoir lieu que
dans les matières réelles et hypothécaires, au lieu
que la simple se rencontre en toute autre matière.

Dans la garantie formelle, le garant est obligé de
prendre le fait et cause pour le garanti, pourvu qu'il
en soit requis avant contestation en cause, au lieu
que dans la simple garantie, le garant ne peut
prendre le fait et cause; mais il peut seulement intervenir et se mettre en cause, si bon lui semble.
Comme la garantie formelle n'a lieu que quand l'action réelle ou hypothécaire est intentée contre l'acquéreur, qui n'est point personnellement obligé envers le demandeur, le recours qu'il a contre son
auteur ne peut tendre qu'à ce qu'il prenne son fait
et cause, et réponde pour lui à la demande qui lui
est intentée. Au contraire, la garantie simple n'a
lieu qu'en action personnelle. Ainsi, le défendeur
étant poursuivi en conséquence de l'obligation qu'il a
contractée envers le demandeur, y doit répondre et
rester en cause, sans que son garant soit tenu d'autre chose que de son propre fait.

Dans la garantie formelle, lorsque le garant veut
prendre le fait et cause de la partie principale, elle
sera mise hors de cause, pourvu qu'elle le demande, avant contestation en cause; cependant il

lui sera permis d'y rester, si bon lui semble, pour
obvier à collusion et pour la conservation de ses
droits, comme il est porté aux art. 9 et 10 du tit. 8 de
l'ordonnance de 1667. Cela est fondé sur ce que le
garant formel ayant pris la garantie, est devenu partie
principale et formelle par le moyen de la novation
qui s'est faite au jugement de la personne du défendeur, au lieu et place de qui le garant s'est mis.
Mais cela n'a pas lieu en garantie simple, où le garant ne fait qu'intervenir si bon lui semble.

Dans la garantie formelle, quand le garant a pris
fait et cause du garanti, la sentence rendue au profit
du demandeur en action réelle ou hypothécaire,
n'est exécutoire contre le garanti que pour le principal, et non pour les dépens, dommages et intérêts,
dont la taxe se doit faire contre le garant, quand ils
sont adjugés; mais dans la simple garantie, la sentence rendue au profit du créancier s'exécute contre
le garanti tant pour le principal que pour les dépens,
dommages-intérêts, s'il en échet, sauf son recours
contre ses garants, qui sont obligés de l'acquitter et
indemniser. La raison de ces différences est que
dans la garantie formelle, le garanti n'est point obligé
personnellement envers le demandeur originaire, qui
se pourvoit contre la chose; au lieu que dans la simple garantie, le garanti est personnellement obligé
envers le demandeur originaire; ce qui fait qu'il ne

peut être libéré par l'intervention de son garant.

Il faut encore observer, touchant la garantie formelle, qu'il n'en échet jamais que quand l'acquéreur est troublé de la jouissance de la chose vendue par les voies de droit et non par les voies de fait et de violence.

5. Anciennement, celui qui tirait à garant avait trois délais; et si en demandant le premier délai il ne protestait pas de défendre lui-même, en cas de défaut de garantie, il perdait sa cause. Cette maxime : *Qui tire à garant et garant n'a sa cause perdue*, a été abolie par plusieurs décrets, dit Loysel (1). Mais elle prouve bien que c'était le garant qui devenait le défendeur principal, puisque si l'acquéreur voulait se réserver la défense il fallait qu'il le fît expressément.

Un auteur plus récent, Bourjon, est encore du même avis. Voici ce qu'il dit (*Dr. com. de la France, Acq. des immeubles dist.*, III).

« Pour conserver l'action qui naît par l'éviction, l'acquéreur doit dénoncer le trouble à son vendeur et ne se désister de la propriété et possession qu'après cette dénonciation, sans cela il affaiblirait la garantie; mais ne la détruirait pas totalement. *Dès qu'elle est faite, tout est aux risques du vendeur* » (*Ordonnance de* 1667).

(1) *Inst. cout.* 10, V, 1.

L'acquéreur efface sa garantie s'il déguerpit ou transige à l'insu du vendeur, il n'a plus qu'à reprendre le procès à ses risques avec les nouveaux moyens que lui fournira le vendeur, parce que s'il parvient à prouver contre ce dernier qu'il n'était pas propriétaire, la vente était nulle, et par conséquent, malgré les fautes qu'il a commises et qui l'ont privé de son recours en garantie, par la nullité de la vente, il a droit à répéter le prix et à des dommages-intérêts s'il était de bonne foi. C'est là une différence saillante avec le droit romain. Bourjon l'exprime ainsi (*loc. cit.*) :

« Il n'est pas de la vente des immeubles comme de celle des meubles. Tout possesseur de meuble le vend valablement pourvu qu'il ne soit pas furtif. Il n'en est pas de même des immeubles ; la faculté de les vendre n'appartient qu'aux propriétaires. Dans les uns, la possession décide ; dans les autres, c'est la propriété. »

6. Cette garantie formelle se comprend parfaitement dans notre ancien droit, où la propriété immobilière ne se prouvait pas seulement par titres ou par témoins, mais aussi par le duel judiciaire. L'acquéreur échappait ainsi à la condamnation à l'amende envers le seigneur, le juge ou les hommes de la Cour.

Cette garantie formelle appartient à notre droit coutumier ; elle n'existe ni dans les formules ni dans le droit gallo-romain. C'est dans le *Corpus juris Germanici* qu'il faut chercher son origine ; et en voici l'explication donnée par mon savant maître, M. Ginoulhiac : D'après la loi germaine, le vendeur a la *saisine* de la chose, jusqu'à ce que l'acheteur l'ait acquise par an et jour vis-à-vis des tiers, dont les droits étaient toujours réservés dans l'ensaisinement judiciaire, puisque même avec le système plus compliqué des appropriances en usage dans la coutume de Bretagne, les droits des absents étaient réservés pendant l'an et jour. Par suite, pendant cet an et jour, durée primitive de l'action en garantie formelle, le vendeur avait seul qualité pour exercer les actions touchant l'objet vendu. Voici, du reste, le texte de la loi des Bavarois (1) :

> De his qui propriam alodem vendunt vel quascunque res, et ab emptore alter abstrahere voluerit et sibi sociare in patrimonium, tunc dicat emptor ad venditorem : Terram aut quæcumque fuerit res, abstrahere mihi vult vicinus meus dicens quod sua fuerit. Et iste respondet : Ego quod tibi donavi, cum lege integra et verbis testificatione firmare volo. Super septem noctes fiat constitutum. Si dicit, cum utrisque utræque partes conveniunt. Cur invadere cona-

(1) *Vente*, tit. 17, cap. 2.

ris territorium quod ego juste jure hereditatis donavi. Ille alius contra : Cur meum donare debuisti, quod antecessores mei antea tenuerunt? Iste vero dicit : Non ita, sed mei antecessores tenuerunt et mihi in alodem relinquerunt, et vestita est ilius manus cui tradidi, et firmare volo cum lege. Si statim voluerit, liberam habeat potestatem. Sin autem, postea super tres dies aut quinque aut certe septem ea ratione firmet. Per quatuor angulos campi, aut designatis terminis, per hæc verba tollat de ipsa terra, vel aratrum circum ducat, vel de herbis aut ramis silva si fuerit.

Ego tibi tradidi et legitime firmabo per ternas vices. Dicat hæc verba et cum dextera manu tradat; cum sinistra vero porrigat wadium hinc qui de ipsa terra eum mallat, per hæc verba : Ecce wadium tibi do quod terram tuam alteri non do, legem faciendo. Tunc ille alter suscipiat wadium et donet illum vicessoribus istius ad legem faciendam. Si causa fuerit inter illos pugnæ, dicat ille qui wadium suscepit : Injuste territorium meum alteri firmasti, id est *fars virotos*. Ipsum mihi debes reddere, et cum duodecim solidis componere. Tunc spondeant pugnam duorum, et ad Dei pertineat judicium. Sui autem cum sacramento se defendat, id est, cum duodecim, quod suam terram injuste non firmaret alteri, nec suæ ditioni restituere deberet, nec cum duodecim solidis componere.

Un auteur plus moderne dit la même chose :

« S'il avient ensi qu'aucuns face escange de heritage por heritage, et l'escange tenu an ou plus, Pierres qui escangea à Jehan quiet en povreté, si que il vent ce qu'il ot de Jehan en escanges et qu'anques il a; et après aucuns plede à Jehans de ce que Pierres li bailla en escange et le pert porce qu'il est regardé par jugement que Pierres n'avoit nul droit à l'heritage qu'il bailla à Jehan en escange : que fera en de cel cas, puisque Pierres n'a rien vaillant par quoi il puist porter garantise?

» R'aura Jehans l'eritage qu'il bailla à Pierre, lequel heritage Pierres a puis vendu, où il demorra à celi qui de Pierre l'aceta?

» Noz disons ainsi, qu'il demorra à l'aceteur, puisque Jehans avoit tenu l'escange an et jor. Mais se Pierres eust vendu l'eritage qu'il ot de Jehan par escange dedens l'an et le jor, Jehans eust l'eritage avant que li aceteres, puisque Pierres ne li peust garantir l'escange; car escange d'eritage n'est pas certainement afermés, en cest cas, devant qu'il ait esté tenus an et jor (1). »

---

(1) Beaum., 12, XXXIV. L'on peut voir, dans le protocole suivant,

7. La réserve du droit d'autrui faite dans l'ensaisinement judiciaire, dont l'ancien coutumier d'Ar-

combien il fallait que le dessaisissement des actions fût formel et
explicite chez le vendeur.

« Je Pierres, de tel lieu, fes savoir à toz ceux qui ces lettres ver-
» ront ou orront, que je por mon porfit et por me grant nécessité,
» ai vendu a Jehan, de tel lieur et à ses hoirs à toz fors perdurable-
» ment, tel heritage seant en tel lieu, ioignant d'une part à tel eri-
» tage et de l'autre part à tel.

» (Et doit nommer toutes les pieches, et a qui elles ioignent, et de
» que elles soit tenues et le redevance que çascunes pieches doit et
» puis doit dire :

» Por tel pris d'argent que i ai eu et receuen bonne monnoie, bien
» contée et bien nombrée, que i ai convertie en men payement (1)
» et m'en tieng por bien paiés. Et cel marcié dessus dit ai ie creauté
» à garantir à toz jors au dit Jehans et à ses oirs contre toz, en tele
» manière que se le dis Jehans ou si oir avoient paine, coz, ne
» damaces par défaute de ma garantie, ie lor seraie tenus à rendre
» avec le garantie dessus dite par loi au proeve.

» (Et s'il veut, il se pot bien en plus obligier, car il pot dire :)
» Des quia cozes et des quia damaces lidit Jehans, ou si hoir, se-
» roient creu par lor serement simple, sans autre los fere. Et a ce
» tenir fermement ai je obligié moi et mes hoirs, et tout le mien pré-
» sent et a venir meubles et heritages, a estre justicié par quelquon-
» que justice il pleroit au dit Jehans ou a ses hoirs ou a celi qui ces
» lettres porteroit, aussi por les coz et por les damaces comme por
» le principal, et a prendre, vendre et des pendre, sans nul delai,
» dus qu'a tant que li coust et li damace seroient paié et que j'aroie
» fet loial uarandre de la vente dessus dite. Et ai renoncié en ce fet
» à toute ayde de droit de loi, de canon et de coustume du pais,

(1) Porfit ms. Saint-Germain.

tois nous a conservé les formalités en ces termes :
Sauf le droit d'autruy et le mien, explique comment
la garantie pouvait être utile avec ces formalités des
deveste et *veste*. Dans les coutumiers du Nord, la
prescription trentenaire de Théodose le Jeune avait
remplacé l'acquisition de la propriété par an et jour,
depuis que la transmission ne s'en faisait plus publiquement.

Mais nous avons dit qu'en France il n'y avait pas
de vente s'il n'y avait transmission de propriété ;
d'où il suit que la vente de la chose d'autrui étant
nulle, l'acheteur pourra exiger du vendeur la restitution du prix, plus des dommages-intérêts, si ce
dernier était de mauvaise foi. Donc l'action en ga-

» à toz privilieges de crois prise ou à prendre, à toutes indulgences
» otroiées ou à otroer d'apostole , ou de roi ou d'autre prince, à toz
» delais que coustume de pais pot doner, que je ne puisse pas dire
» le nombre d'argent dessus dit non avoir reçeu ; à ce que je ne puisse
» pas dire estre desçeus en cel marcié de le moitié ou de plus ; à tou-
» tes exceptions, raisons, bares, deffenses qui puoent estre proposées
» en jugement ou hors de jugement, par lesqueles ou par aucune
» desqueles le marcie dessus dit porroit estre delayés ou empeschiez
» au dit Jehans ou a ses oirs ; et à ce que je ne puisse dire que je
» ni doil respondre à ces lettres fors par devant le segneur desoz
» qui je servant conquans et levans, et spécialement à le loix qui dist
» que general renonciation ne vaut riens. Et por ce que ce soit ferme
» coze et estaule, je Pierres ai baillié au dit Jehan ces lettres scellées
» de mon propre scel che fut fet en tele incarnation et en tel mois.
(Beaumanoir, *Des lettres*, XXXI, 5).

rantie semble ici inutile. Cette seconde objection
tombe aussi facilement que la première, si l'on ré-
fléchit que le vendeur pouvait n'avoir que la nue-
propriété, ou que sa terre se trouvait engagée à des
fermiers pour de longues années. Il est bien vrai que
le droit du fermier n'est qu'un droit personnel qui
est anéanti par le changement de propriétaire ; mais
la plupart du temps les locataires se faisaient ensai-
siner, comme le conseille Beaumanoir dans le
passage suivant :

« Pierres proposa ainsi, qu'il aceta un heritage, et
quand il fu en le saisine du segneur et il cuida entrer en l'eritage, il trouva que Jehan en estoit en le
saisine d'esploitier. Pierres li requist qu'il issit de
l'eritage qu'il avoit aceté à Guillame et Jehans dit
que non feroit, car il avoit pris l'eritage a ferme au
dit Guillame avant qu'il l'eust aceté a anées, lesqueles
anées n'estoient pas encoré remplies. Et porce qu'il
ne se porent acorder, li dis Pierres et Jehans vin-
drent en l'assise de Clermont et se mirent en jugement a savoir non se Jehan goïrait de ses anées. Il
fut jugié que Pierres, qui avoit acete l'eritage, et en
estoit en saisine de segneur, goïrait de l'eritage pesivle-
ment et le penroit el point qu'il le troveroit sans nul
empecquement de le ferme que Jehans avoit prise. Et
bien si vist Jehans : Guillame qui le ferme li avoit
baillée par mot de convenance qui le garantist son

6

marcié. Et par cel jugement pot on veir qu'il a plus
de peril en penre autrui terre en ferme ou a louage,
ou a engagement que moult de gens ne pensent. Et
quiquonques vaura entrer sagement et sans peril,
i face tant qu'il y soit de par le segneur de qui la
terre muet ou autrement il en porra estre osté,
s'aucuns y entre par le titre d'acat si comme dit est.
(13. XXXIV.)

» Voire que cil qui baille se terre a ferme, a louage
ou par engagement et puis le vent sans condition en
le vente que cil goït de ses anées, il est tenus à tant
fere vers l'aceteur, que cil a qui il avoit devant le
coze baillié, li tiegne en le manière qui li avoit devant convenencié. Et s'il ne le pot fere en nule manière parce que li aceteres ne si veut acorder, il est
tenu à rendre toz les damaces à celi à qui il avoit le
coze baillé, et aveques ce, tout le porfit qu'il peust
avoir en son marcié par estimation de bonne
gent. »

Loysel semble décider différemment, c'est-à-dire
en faveur du locataire.

« De tout marché, on en vuide par intérêt. »

Tel est le principe qu'il pose, et voici comment il
est commenté :

« Cette règle, » dit de Laurière, « est prise de
l'article 2, titre 21, de la coutume de Cambray. Dans
cette coutume, en matière de vente ou louage de

maisons, terres ou héritages, les vendeurs ayant
accordé de leur chose à louage, avant que celui
qui l'aurait achetée ou louée fût mis en possession
de la chose vendue ou louée, ou vendage ou louage
reconnu devant la loi du lieu, ne sont tenus précisément à bailler et livrer la chose, mais en sont
quittes en payant l'intérêt. C'est ce que les anciens
coutumiers ont toujours maintenu. Dans le droit romain, comme le contrat de vente était parfait par le
seul consentement des parties, le vendeur pouvait être
contraint à livrer la chose (Paul, *Sentences*, XX, 18).
Mais une lecture un peu attentive montre la différence qui existe dans les espèces proposées elles-
mêmes et qui entraîne logiquement celles des solu-
tions données.

On voit que dans de Laurière l'acquéreur n'a pas
encore été, comme Pierre, en la saisine du seigneur.
Celui qui a acheté ou loué n'a pas encore été mis en
possession, ni le vendage ou louage n'ont été recon-
nus devant la loi du lieu.

Lorsque la saisine devint tout à fait fictive comme
la tradition, le seigneur dut bien se conformer au
progrès ; il eut même l'intelligence de marcher devant. On voulut se passer de son consentement pour
transmettre la propriété ; il dispensa de la tradition
et voulut percevoir les droits de *lods et ventes* dès
qu'il y avait eu promesse. L'acte écrit, qui y sup-

pléait par un protocole, devint même inutile. C'est
alors que fut établie la maxime : « *Dominus non ex-
pectata reali traditione statim fit.* » Au point de vue
fiscal : *Promesse de vente valut vente.* Mais les jurisconsultes n'admirent cette maxime que lorsque les
faits prouvaient que la rédaction de l'acte était seule
différée, sans qu'il y eût doute sur l'intention des
parties, ou lorsque cette promesse était faite d'après
les formalités requises par la loi pour ces sortes
d'obligations. C'était la théorie des auteurs du dix-
huitième siècle.

8. Dans l'exemple de Beaumanoir, la garantie
n'a pour objet que la possession et ne dure que an
et jour, comme le fait observer Bouteiller en ces
termes :

« S'il advenoit qu'aucun eust achetté aucune te-
nure et dedans l'an qu'achettée l'auroit, au tilte de
son achapt, aucun se complaindist sur ce en novel-
teté à lui, sçachez que puisque la dicte complaincte
viendroit dedans l'an premier que l'achepteur auroit
commencé à jouir et user de la saisine et possession
qu'il tiendroit avoir acquise et achettée, bien porroit
avoir action d'appeller son garant, qui est son
vendeur, ou ses ayant cause. Mais outre cetuy
ou en forme de complaincte, le vendeur n'est plus
tenu en outre de garantir. Mais autre chose seroit,
en forme de complaincte, de simple saisine ou

de propriété car alors garandie auroit lieu (1). »

Il peut ainsi se présenter deux cas :

Ou bien l'acheteur de la chose d'autrui se défie de

---

(1) La Cour de cassation a confirmé, dans un arrêt récent, la vieille doctrine de notre auteur. Il en résulte que la garantie *de la possession paisible*, dont parle l'article 1625, doit être entendue dans le sens de la garantie de la propriété, dont la possession est la manifestation publique et matérielle. Mais on ne doit pas en induire que le vendeur est tenu de repousser toute demande au possessoire à quelque époque qu'elle se produise contre l'acquéreur et quelle qu'en soit la cause. Dans ce cas, la vente ne produirait qu'une obligation personnelle semblable à celle qui résulte du contrat de louage, ce qui est inadmissible. Aujourd'hui comme autrefois, d'après les paroles de M. Calmètes, conseiller rapporteur : « l'annalité de la posses-
» sion affranchit le vendeur de toute garantie en ce qui concerne la
» possession ; il demeurera sans doute garant de l'éviction que
» pourrait subir l'acquéreur en ce qui concerne le fond du droit ;
» mais, dans ce cas, le juge du pétitoire pourrait seul connaître de
» la contestation. »

Voici, pour terminer, les considérants de la Cour suprême :

Attendu que, si, aux termes des art. 1603, 1604 et 1625, c. Nap., le vendeur est tenu de mettre l'acheteur en possession de la chose vendue et de lui garantir cette possession, cette obligation doit être considérée comme remplie, lorsque l'acheteur a été mis en possession de la chose vendue et qu'il en a joui paisiblement, publiquement pendant une année. — Que dès que la possession annale est acquise à l'acheteur, c'est à lui à se défendre contre les agressions provenant de tiers, sans qu'il puisse, en général, appeler son vendeur en garantie pour troubles à la possession survenus postérieurement, sauf toutefois l'obligation de garantie en ce qui concerne le droit de propriété, laquelle reste soumise aux règles du droit commun en cette matière. — Que le vendeur n'a point à prouver que l'acqué-

son vendeur, dont il craint par exemple l'insolvabilité, et alors il l'attaque, dès qu'il sait qu'il n'était
pas propriétaire, par voie de nullité ; car pour que
l'acquéreur puisse agir en garantie, « il faut qu'il ait
été inquiété par quelque action réelle ou hypothécaire ; autrement l'auteur ne pourrait pas être assigné, sous prétexte que la chose par lui livrée à
titre translatif de propriété ne lui appartenait pas »
(Ferrières).

Ou bien, trouvant la vente avantageuse, il tâchera
de prescrire contre la revendication, et s'épargnera
ainsi l'ennui de soutenir le rôle du demandeur, à
qui il incombe dans cette occurrence un fardeau plus
lourd qu'à l'ordinaire, c'est-à-dire l'administration
d'une preuve négative. Il attendra donc que le véritable propriétaire agisse pour exercer son recours.

A partir du treizième siècle, on agissait plutôt par
la voie de garantie que par l'action en nullité ; car
avec ce dernier moyen, il fallait de plus prouver la
mauvaise foi du vendeur pour obtenir des dommages-intérêts, outre la restitution du prix.

---

reur n'a pas suffisamment veillé à la conservation de sa possession.
— Que la preuve de sa négligence résulte nécessairement de la prise
de possession par un tiers dont il eût pu repousser les entreprises
par la complainte possessoire ou par la réintégrande... Arrêt du 24
mai 1869.

(Dalloz, P., 1869, part. 1, 325).

9. Enfin, dès le quatorzième siècle, l'influence du
droit romain fit disparaître cette action. Le contrat
de vente subsistait malgré l'éviction, d'après les auteurs plus modernes et plus romanistes. encore :
« C'est même en conséquence et en exécution du
contrat que l'acheteur recouvre la valeur de la chose
dont il a été évincé avec dommages-intérêts. »

La jurisprudence du Châtelet, rapportée par
Bourjon, voulait que le vendeur ne dût que le
prix au temps de l'éviction, parce que déjà l'objet
vendu était la chose de l'acquéreur, et que ce n'était
qu'à ce moment qu'elle cessait de l'être.

Domat voyait dans la non-propriété du vendeur
non pas une cause de nullité, mais une cause de
résolution. La vente transmettait par elle-même un
droit *sui generis* :

« Il y a, » dit-il dans ses *Lois civiles* (I, 2, X),
« des troubles qui de leur nature résolvent la vente,
comme si l'acquéreur est évincé par le propriétaire ;
d'autres qui, de leur nature, peuvent résoudre ou
ne pas résoudre la vente, selon les circonstances :
ainsi l'action hypothécaire. Mais dans tous les cas,
soit que la vente subsiste, soit qu'elle soit résolue,
le vendeur doit des dommages-intérêts selon l'effet
du trouble. »

Et voici comment il définissait la garantie de droit
ou naturelle :

« C'est la sûreté que doit tout vendeur pour maintenir l'acheteur en la libre possession et jouissance de la chose vendue, et pour faire cesser les évictions et les autres troubles de la part de quiconque prétendrait en la chose vendue, ou un droit de propriété ou autre quelconque par où le *droit qui doit être naturellement acquis par la vente fût diminué*. Et le vendeur est obligé à cette garantie, quoiqu'il n'y en ait point de convention. »

Ces troubles sont le plus souvent les demandes en déclaration d'hypothèques, et, d'après B o u r j o n, quoique la demande en déclaration d'hypothèque viendrait du chef d'un premier vendeur, le second est obligé d'en garantir celui qui a acquis de lui, parce que l'immeuble ayant passé par sa main et ayant profité du prix, il doit garantir de tout trouble celui qui a contracté avec lui et qui n'est obligé sur ce à reconnaître autre que lui pour garant.

Il faut même remarquer que la vente d'un héritage hypothéqué, suivie d'un décret, n'était soumise au droit de *quint* et *requint* que si elle avait été faite à un prix plus élevé que celui de l'expropriation. C'est ce que dit Coquille :

« Celui qui a acheté de gré à gré héritage est évincé par les hypothèques constituées avant son achat par son auteur ; il ne sera dû qu'un *quint* denier, au choix du seigneur féodal de le prendre ou sur la première vente dont l'acquéreur est évincé ou sur la vente par décret. »

Pour ces dernières, voici la règle d'après Loysel :

« Le poursuivant criée n'est garant de rien fors des solemnités d'icelle. »

» En chose vendue par décret, éviction n'a point de lieu. »

Cette règle a été prise dans la coutume d'Auvergne, au titre des exécutions, article 38, qui décide formellement ainsi.

La raison en était que le décret purgeait les dettes, sauf une exception en faveur du douaire, lorsque le mari était exproprié durant sa vie. Aussi ce cas était-il une éviction à proprement parler.

Au point de vue de la compétence *ratione loci*, nous savons que nos coutumes étaient surtout réelles et territoriales, et, d'après Beaumanoir, tous les immeubles étaient soumis à la juridiction du juge de la situation. Or, comme dans la garantie formelle, le vendeur était censé propriétaire, au moins pour la défense, la garantie devait se poursuivre par-devant le juge où l'action pour raison de l'éviction avait été intentée, et ni le vendeur à raison d'un privilége, ni son seigneur à raison de son droit de justice, ne pouvaient évoquer l'affaire ailleurs.

L'ordonnance de 1667, titre VIII, article 8, ne fait que confirmer cette règle fort ancienne :

« Qui prend garantie doit laisser son juge et l'aller prendre devant celui où le plaid est. »

Il en était sans doute ainsi pour la garantie simple, à raison du rôle tout à fait secondaire qu'y jouait le garant.

TROISIÈME PARTIE

DROIT FRANÇAIS.

CHAPITRE PREMIER.

INTRODUCTION.

1. Quand les romanistes du seizième siècle décla-
rent avec Jean Imbert (1), par exemple, « qu'il

---

(1) *Enchiridion juris scripti Galliæ.* Jean Imbert est un jurisconsulte de la dernière moitié du seizième siècle ; il était lieutenant

n'y a de difficulté qu'on ne puisse vendre la chose d'autrui, » ils vont contre les usages établis, et la force des choses l'emportera sur leur esprit de système. Bien avant la rédaction du code civil, dans les pays du Nord, par la clause d'*ensaisinement*, qui se sous-entendait, dans le Midi, par celle de *constitut* et de *précaire*, le *modus acquirendi* était confondu avec le *titulus ad acquirendum*. Si à Rome la vente tendait à une aliénation, en France, par suite de cette confusion, aliénation et vente devenaient synonymes par la force des choses, comme elles l'avaient toujours été par l'autorité des lois barbares et de nos auteurs coutumiers (1).

2. Ce qui existait dans la pratique (2) est entré dans nos lois lors de leur codification, et l'article 1583 dit :

Elle (la vente) est parfaite entre les parties, et la propriété est acquise à l'acheteur à l'égard du

criminel à Fontenay-le-Comte. Son principal ouvrage, dont Cujas et Dumoulin ne parlent qu'avec les plus grands éloges, est intitulé : *Institutionum forensium Galliæ, libri IV*, traduit par lui-même en français sous le titre de *Practique judiciaire*.

(1) Voir la 2ᵉ partie.

(2) Nous trouvons du reste beaucoup de jurisconsultes d'un sentiment contraire à celui de Dumoulin, Pothier et Imbert. Voir Caillet, *Comment., De evictionibus ad leg.* 5. — Grotius, *De jure belli ac pacis*, lib. II, cap. 12, § 15. — Bourjon, *Droit commun de la France*, t. 1, p. 458.

vendeur, dès qu'on est convenu de la chose et du prix, quoique la chose n'ait pas encore été livrée ni le prix payé.

Tous les auteurs sont d'accord sur le sens de cet article. Le législateur n'a pas voulu dire que, lorsque l'acheteur n'était pas rendu propriétaire, il y aurait une vente imparfaite, ce qui ne signifierait rien ; ni que la propriété sur l'objet vendu n'existait que vis-à-vis de l'acheteur : la propriété est un droit absolu qui existe à l'égard de tous. Les rédacteurs du Code ont seulement voulu réserver les droits de certaines personnes à attaquer cette translation de propriété. Ce sont les tiers dont ils se réservaient de régler les droits dans la matière des hypothèques, et qui ont enfin été limitativement énumérés dans la loi de 1855 (1).

(1) Sous le droit intermédiaire, une loi du 19 septembre 1790 spéciale aux pays de nantissement, une autre encore plus bizarre du 9 messidor an III, enfin la loi du 11 brumaire an VIII avaient tour à tour essayé d'assurer les droits réels par la publicité. Mais lors de la discussion du code civil, Bigot de Préameneu, reprochant à la transcription son origine féodale, dit « que son rétablissement serait » un retour à la féodalité » (Fenet, XV, p. 345). La transmission de la propriété *solo consensu* est donc le résultat des passions politiques. Quelques auteurs ont cependant soutenu que la transcription était nécessaire sous l'empire du Code, même avant 1855 (Jourdan, *Themis*, V, p. 481. — Comte, Devill. 3. 1. 244). Voir Martin (du Nord), *Enquête sur le régime hypoth.*, et Troplong, *Préface du comm. des priv. et hyp.*

Cet article est une conséquence forcée de la tradition feinte. Ce n'est pas une nouvelle disposition de
la loi ; c'est l'application pure et simple de l'article
1138 :

> L'obligation de livrer la chose..... rend le
> créancier propriétaire.

3. Dans la vente, il n'y aura jamais de créanciers
du côté de l'acheteur. Mais s'il ne peut être propriétaire ? La réponse est bien facile : Il n'y aura pas de
vente. C'est ce que dit l'article 1599 :

> La vente de la chose d'autrui est nulle ; elle
> peut donner lieu à des dommages-intérêts, lors-
> que l'acheteur a ignoré que la chose fût à autrui.

4. Trois situations différentes peuvent alors se
présenter ; notre article n'en règle que deux. L'acheteur et le vendeur savent que la chose est à autrui.
Alors il n'y a rien de fait. L'article 131 dit :

> L'obligation sans cause, ou sur une fausse
> cause, ne peut avoir aucun effet.

Or, donner ou promettre de donner une somme
d'argent pour recevoir la propriété de celui qui ne
l'a pas, est une obligation sans cause (1), dont l'ar-

---

(1) Ou, si on le préfère, sur un objet impossible. — « Nec in pen-
denti erit stipulatio ob id quod publica res in privatum deduci et ex
libero servus fieri potest, et commercium adipisci stipulator potest,
et res stipulatoris esse desinere potest, sed protinus inutilis est. »
Inst., III, 19, § 2.

ticle 1599 a fait une cause illicite en prohibant la
vente de la chose d'autrui.

5. Si l'acheteur croyait le vendeur propriétaire,
c'est une obligation sur fausse cause, et alors, soit
que le vendeur connût le vice de son titre, soit qu'il
l'ignorât, il devra des dommages-intérêts.

Est-ce en vertu de l'article 1184, comme on le
prétend (1) ? Peut-on voir, dans ce cas, l'accomplissement d'une condition résolutoire tacite ? Et quelle
est l'obligation à laquelle n'a pas satisfait le vendeur ?

Il a deux obligations principales, dit l'article
1603 : celle de délivrer et celle de garantir la
chose qu'il vend.

Je puis bien supposer qu'il a fait la délivrance; elle
n'est pas si difficile dans le droit actuel (2). Quant à

---

(1) « La condition résolutoire est toujours sous-entendue dans les
contrats synallagmatiques pour le cas où l'une des deux parties ne
satisfera point à son engagement. »

(2) Les rédacteurs du Code ont confondu la délivrance avec la tradition. La délivrance est l'acte par lequel le vendeur se dessaisit
matériellement et ne saurait être jamais feinte comme la tradition.
Cependant l'article 1605, en exigeant ou la remise des clés ou la remise des titres de propriété, a voulu régler une question qui devrait
toujours rester soumise à l'appréciation souveraine des juges ; car
elle se résout en une question de fait. La Cour de cassation, dans un
arrêt du 8 mai 1872, a qualifié d'action en délivrance se prescrivant
par trente ans, l'action en diminution de prix de l'article 1622, qui se
prescrit par un an, parce qu'il y avait eu vente de la chose d'autrui :

la garantie, personne ne trouble encore l'acheteur, et cependant on veut lui accorder une action résolutoire.

La loi s'y refuse, et un quasi-délit peut seul donner lieu à des dommages-intérêts lorsqu'il n'y a pas de contrat. C'est donc en vertu de l'article 1382 que l'acheteur fera sa réclamation, s'il a été de bonne foi. S'il a été de mauvaise foi, il ne pourra répéter que l'indû. Si, par exemple, un homme s'amusait à exciter une bête attachée, il est certain qu'il n'aurait pas le droit d'invoquer l'article 1385 dans le cas où il se ferait blesser. Remarquons, de plus, que la distinction entre la bonne et la mauvaise foi ne saurait avoir sa raison d'être dans l'application de l'article 1148.

« Attendu que si, aux termes de l'art. 1622, c. civ., l'action d'un acquéreur contre son vendeur en diminution de prix ou résiliation du contrat se prescrit par un an quand elle a pour cause un défaut de contenance, il n'en est pas de même de l'action par laquelle cet acquéreur réclame la délivrance d'une portion de terrain comprise dans la vente et non livrée par le vendeur ; que cette dernière action n'est soumise qu'à la prescription ordinaire de trente années.

» Attendu qu'il résulte des faits et circonstances constatés par l'arrêt attaqué que cet arrêt a justement qualifié la demande en garantie de Godard contre les époux Lerasle en disant que c'était une demande en délivrance ; puisque cette demande était née de la faute qu'avaient commise les époux Lerasle, en vendant une chose qui ne leur appartenait qu'en partie, n'avait pû être livrée par eux jusqu'au jour où l'acquéreur Godard a formé une demande en justice pour être indemnisé de ce défaut de livraison. »

6. Enfin, dans le cas où le vendeur sait qu'il n'est pas propriétaire, alors que l'acheteur justifie de sa bonne foi, je n'hésiterai pas à aller plus loin. Outre le droit qu'aura la partie de demander une réparation civile, le ministère public devra réclamer, à son tour, l'application de l'article 405 du code pénal (1); car, alors, le vendeur aura commis un délit, comme il commettait un quasi-délit lorsqu'il se croyait propriétaire.

7. Donc, délit, quasi-délit, ou tout au moins nullité, telle est notre solution dans ces différents cas. Mais quelle est cette nullité? Nous savons que la loi ne distingue pas dans sa terminologie les actes nuls, c'est-à-dire inefficaces ou invalidés par la loi, des actes nuls, c'est-à-dire inexistants ou physiquement nuls. Par exemple, l'article 1631 porte :

Si, au moment de la vente, la chose vendue était périe en totalité, la vente serait nulle.

Il est incontestable que le législateur veut dire qu'elle serait non-avenue.

L'article 1110 s'exprime ainsi :

---

(1) « Quiconque soit en faisant usage de faux noms ou de fausses qualités, etc. » La Cour de cassation a décidé que l'usage d'un faux nom ou d'une fausse qualité, à l'aide desquels on s'est fait remettre des fonds ou des valeurs, est constitutif du délit d'escroquerie, indépendamment de manœuvres frauduleuses quelconques. Cass., 4 février 1858.

7

L'erreur n'est une cause de la nullité de la convention que lorsqu'elle tombe sur la substance même de la chose qui en est l'objet.

Ici le législateur n'a pas voulu dire que cette convention ne réunissait pas les éléments nécessaires à son existence, comme si le consentement avait totalement fait défaut ; mais seulement qu'à raison du vice dont il était entaché il ouvrait une voie de nullité, il accordait une action en rescision à la personne qui s'était ainsi engagée. Mais, encore, faudra-t-il que le juge déclare cette nullité présentée par voie d'action ou d'exception (1) ; au lieu que la première pourra être reconnue d'office et n'a même pas besoin d'être reconnue.

Un tel contrat de vente est et sera toujours inefficace, indépendamment de toute déclaration judiciaire, de toute confirmation. Au point de vue de la validité, rien ne peut lui être enlevé ni ajouté. Les nullités du mariage appartenant à un tout autre ordre d'idée, la nullité de l'article 1599 ne peut être rangée que sous l'une des deux que nous venons de distinguer, et que les auteurs appellent quelquefois : *annulabilité et nullité radicale ou substantielle*.

8. La vente de la chose d'autrui, a-t-on dit, est

---

(1) Aubry et Rau, *Cours de droit civil français*, tom. IV, § 333.

annulable en vertu de l'article 1110 ; mais il est incontestable que la propriété n'est pas une qualité
substantielle. Une qualité est un mode d'être absolu
qui tient à la chose indépendamment du contrat où
elle se trouve (1), au lieu que la propriété, qui n'est
pas une qualité substantielle, exprime un rapport de
personne à choses (2).

Cette nullité est donc l'inexistence, l'inefficacité.
Le juge peut la proclamer d'office. Elle peut être

---

(1) D'après une saine philosophie, une qualité est l'expression du
rapport réel et absolu des choses. Aristote définit la qualité : ce qui
fait qu'on dit des choses qu'elles sont de telle ou telle façon, en les
considérant en elles-mêmes. En effet, comme l'a si ingénieusement
démontré Thomas Reid (*Essais sur les facultés intellectuelles de
l'homme*, essai II, trad. Jouffroy, t. III), les qualités sont réellement
dans les choses, et ce n'est que par suite de la confusion de la qualité et de la sensation que l'école sensualiste a pu soutenir qu'elles
n'étaient que des modes de notre faculté de sentir. Un champ aura
la même étendue pour vous comme pour moi ; nous localiserons
l'idée d'une telle étendue dans le champ que nous voyons ; au lieu
que l'idée de propriété vient de nous et non du monde extérieur.
Conf. Pothier, *Traité des obligations*, §§ 18 et 19. L'achat de la chose
d'autrui se rapporte plutôt au § 19 qu'au § 18. Acheter du non-pro-
priétaire, c'est vouloir faire faire un tableau par Natoire et s'adres-
ser à Jacques (Natoire est un peintre français, né à Nîmes en 1700,
mort en 1777. Il avait peint, pour l'évêché d'Orléans, une entrée de
Mᵍʳ Parisis, évêque, recevant les félicitations de son clergé. Voilà
sans doute pourquoi Pothier le cite).

(2) J'ai du reste signalé cette confusion chez les jurisconsultes romains à propos des servitudes.

invoquée par le vendeur comme par l'acheteur (1) avant ou après la délivrance, malgré la maxime *quem de evictione...*, car là où il n'y a pas de vente il ne saurait y avoir de garantie (2). Remarquons, toutefois, que s'il devient propriétaire on pourra lui opposer la règle *nemo auditur propriam turpitudinem allegans.*

Si le vrai propriétaire ratifie la vente, ce ne sera pas un second contrat, parce que cette ratification équivaut à un mandat donné de vendre (3).

9. Est-ce à dire que l'éviction par revendication ne saurait entrer dans notre étude : *De la garantie en droit français* ? Non, car d'abord rien n'empêche d'appeler cette action en nullité qu'intentera l'acheteur, une action en garantie (4) pour se faire rendre le prix et accorder des dommages-intérêts s'il y a lieu. De plus, si l'acheteur est troublé, comme dans l'ancien droit, il appellera son vendeur pour défendre son contrat ; seulement ce dernier n'est pas obligé de répondre à cet appel ; et alors le même ju-

---

(1) Leligois, *Revue critique*, 1869, XXXV.

(2) On ne peut garantir une obligation qui n'existe pas.

(3) *Contrà* Aubry et Rau, *Vente*, 355. Voir cass., 30 décemb. 1872, D. P. 1873. 1. 437.

(4) § 5. Inst. III , 24, § 5 de la paraphrase de Théophile : « Quod si ea tanquam privati juris emerit a venditore deceptus : tunc in id quod sua interest actionem habet ex empto. »

gement, qui reconnaîtra les droits du revendiquant,
déclarera la vente nulle et accordera des dommages-
intérêts à l'acheteur s'il les demande et si sa bonne
foi est prouvée. Mais si l'on songe qu'il n'y a vente,
en droit français, que lorsqu'il y a convention de
transmettre la proprieté, et que celui qui abandonne
ses prétentions sur une chose sans préciser l'étendue et la nature de ses droits, sans garantir qu'il est
lui-même propriétaire incommutable et que l'acheteur va le devenir à son tour, celui qui laisse toutes
les chances d'éviction aux risques et périls de l'acheteur, celui-là ne prend pas l'engagement de transférer la propriété; d'après Duvergier (1), un pareil
traité ne devrait pas s'appeler une vente, dans le
langage du droit. Voilà pourquoi, dans notre droit
civil, il doit y avoir une garantie que nous allons
étudier.

(1) Pothier, comparant le contrat d'assurance au contrat de vente,
dit : « Les assureurs sont les vendeurs, l'assuré est l'acheteur ; la
chose vendue est la décharge des risques auxquels est exposée la chose
assurée. Les assureurs vendent en quelque façon à l'assuré et s'obligent de lui faire avoir et de lui procurer la décharge de ces risques,
en prenant sur eux ces risques et en s'obligeant d'en indemniser
l'assuré. La prime que l'assuré paie ou s'oblige de payer aux assureurs est le prix de cette vente » (Pothier, *Traité du contrat d'assurance*, ch. I, sect. I, § 4. — Ainsi, pour lui, l'obligation dominante
dans la vente était la garantie. De nos jours, cette obligation a été
plutôt étendue que restreinte par la nullité de la vente de la chose
d'autrui.

CHAPITRE II.

GARANTIE ESSENTIELLE.

SOMMAIRE.

1. Distinction de deux sortes de faits d'éviction.
2. Restriction à l'article 1628.
3. Exemple.
4. Formule restrictive de l'article 1628.
5. Raison de commencer par la garantie essentielle.
6. Exception de garantie.
7. Opinion de Troplong.
8. Opinion de Duranton.
9. L'exception de garantie ne saurait exister.
9 bis. Inaliénabilité de l'immeuble dotal.
10. Cas de deux ventes consécutives sous l'empire de la loi de 1855.
11. Vente d'usines.
12. Vente par l'Etat, expropriation.
13. Qui est tenu de cette garantie.

1. L'article 1628 parle en ces termes de la garantie essentielle :

> Quoiqu'il soit dit que le vendeur ne sera soumis à aucune garantie, il demeure cependant tenu de celle qui résulte d'un fait qui lui est

personnel ; toute convention contraire est nulle.
Mais elle n'a pas l'étendue que lui donne notre
article. Il faut distinguer deux sortes de faits : les
faits antérieurs à la vente et ceux qui lui sont postérieurs. Pour les premiers, comme il est toujours
permis de transiger sur le dol passé ou de renoncer
à la poursuite civile des délits et quasi-délits, il est
incontestable, malgré l'article 1628, que si le vendeur a déclaré, par exemple, qu'il avait hypothéqué
l'immeuble et qu'il n'a pas l'intention de désintéresser ses créanciers, il ne serait pas tenu de cette
éviction hypothécaire, quoiqu'elle procédât de son
fait. Il est, au contraire, bien certain que l'acquéreur ne peut encourager les intentions dolosives d'un
vendeur en lui assurant l'irresponsabilité de leur
exécution. Cette obligation, d'après l'article 1131 (1),
ne saurait avoir aucun effet.

(1) Art. 1131 : L'obligation sans cause, ou sur une fausse cause,
ou sur une cause illicite, ne peut avoir aucun effet. — La cause
n'est ni le but déterminant du contrat, ni la chose qui en fait l'objet,
ni l'obligation de l'autre partie dans les contrats synallagmatiques.
C'est la cause dont telle dette vient, dit le grand Coutumier. Et
P. de Fontaines ajoute dans son conseil, ch. XII, al. 3 : « Se aucuns
requiert une chose come siene ; et ne dit plus, nostre usage ne reçoit mie tel claim, se la partie ne le reçoit par sa volente. Mes s'aucuns requiert aucune chose qui soit sene, il doit dire : Je requier cele
chose come moie, qui m'a esté mal tolùe, ou que j'ai desmanée, ou
autre reson parquoi ele parti de lui outre son gré. » Mais comme

2. Il y a donc une restriction à faire à la prohibition trop absolue de cet article. Cette restriction se trouve dans Pothier, dont je transcris le passage :

« Si le vendeur avait stipulé généralement qu'il ne serait tenu d'aucune garantie, sans excepter expressément les évictions qui procéderaient de son fait, la clause ne serait pas pour cela plus étendue ni différente de la précédente, et l'exception serait facilement sous-entendue ; car il serait contre la bonne foi que le vendeur, qui ne peut ignorer son propre fait, exposât l'acheteur aux évictions qui peuvent arriver par son fait, sans le lui déclarer. » .

Du reste, la simple lecture de l'article suivant nous prouve que c'est bien la pensée du législateur. Prévoyant le même cas de non-garantie, il dit que le prix pourra être répété, « à moins que l'acquéreur n'ait connu, lors de la vente, le danger de l'éviction. » Or, si le vendeur l'a déclaré comme venant de lui ou non, l'acheteur le connaît, et, dans ce cas, il n'y a pas même lieu à la *condictio indebiti*.

3. Un exemple va faire sentir avec quelle précaution nous devons modifier cet article :

dans le cas de vente il l'a aliénée volontairement, sa réclamation ne sera jamais écoutée, la cause de sa réclamation serait telle que le juge ne devrait pas l'admettre : c'est ce que prévoit Beaumanoir au chapitre XXXV. Cout. de Beauvaisis.

« Vous avez consenti que votre héritage fût hypothéqué pour une dette de Pierre ; vous avez ensuite
fait donation de cet héritage à Jacques, qui me l'a
vendu, et peu après je vous l'ai revendu. Si vous
souffrez éviction de cet héritage de la part du créancier de Pierre, vous n'êtes pas recevable à agir en
garantie contre moi pour cette éviction. »

Cette décision est empruntée à Pothier (*Vente*,
§ 91), qui avait une raison de plus pour admettre
la négative : c'est l'interruption du circuit de l'action
en garantie par un acte à titre gratuit (1). Mais la
première raison qu'il donne subsiste toujours :

« C'est que l'éviction procède de votre fait. Vous
serez donc repoussé par l'exception de garantie. »

La décision sera la même si l'immeuble a été
vendu sans garantie et si vous connaissiez le danger
de l'éviction. Nous appliquerons donc rigoureuse-
ment l'article 1628 toutes les fois qu'il s'agira de
l'exception de garantie.

4. Ainsi, restreignant encore cet article, il faut
dire qu'il est une garantie essentielle du contrat de

---

(1) Sans raison à mon avis. En droit romain comme dans notre
droit, l'intérêt d'affection du donateur doit suffire pour qu'il conserve
au donataire l'action en garantie contre son auteur. D'après Pothier,
on arrive à ce résultat bizarre, que voulant faire cadeau d'un immeuble à Paul que j'ai acheté de Jacques, l'immeuble étant revendiqué,
c'est Jacques qui bénéficie du prix de sa vente.

vente, due malgré toutes stipulations contraires par
le vendeur, pour ses faits et promesses futures et
pour ses actes personnels antérieurs qu'il n'a pas
déclarés.

Le bon sens et l'équité l'exigent.

« Tout fait quelconque de l'homme qui cause à
autrui un dommage oblige celui par la faute duquel
il est arrivé à le réparer, » porte l'article 1382, écho
de toutes les législations, qui est *à fortiori* applicable lorsqu'une convention lie les deux parties.

L'article 1135 dit :

> Les conventions obligent non-seulement à ce
> qui y est exprimé, mais encore à toutes les sui-
> tes que l'équité, l'usage ou la loi donnent à
> l'obligation d'après sa nature.

Or, la nature du contrat de vente étant de rendre
l'acquéreur propriétaire, l'équité veut que le vendeur
ne le dépouille pas.

Enfin, je remarquerai, pour finir de démontrer
que l'article 1628 n'est que l'application d'une loi
plus générale, dont nous trouvons de nombreuses
traces dans le Code, le dernier alinéa de l'article
1134 : « Elles (les conventions) doivent être exécutées de bonne foi. »

5. Nous allons nous occuper d'abord de cette garantie essentielle au contrat de vente, non sans prévoir une objection : c'est que cette garantie n'est

qu'une garantie exceptionnelle au point de vue de la loi. Pour qu'elle ait seule lieu, il faut une convention des parties. Ne serait-il pas plus logique de parler d'abord de la garantie de droit et puis des clauses qui la modifient, comme le font tous les auteurs ?

Non, parce que les protocoles sans garantie, ou bien sans garantie excepté des faits et promesses du vendeur, ou bien sans la simple garantie des faits et promesses du vendeur, ou bien encore garantir ces faits et promesses seulement, sont des plus répandus, de manière que, dans la pratique, c'est peut-être cette garantie essentielle qui est l'objet des débats les plus fréquents.

En second lieu, comme les parties ne peuvent jamais la restreindre, elle se trouve fatalement comprise dans toutes les autres.

6. Cette garantie essentielle se présentait le plus souvent sous la forme d'une exception accordée à l'acheteur pour repousser les agissements de son vendeur. Elle était ainsi formulée dans ce brocard latin : *Quem de evictione tenet actio eumdem agentem repellit exceptio* (1).

Cette exception doit-elle exister dans notre droit actuel ?

(1) Il est plus trivial de dire que nous avons une exception pour nous défendre contre quelqu'un que nous sommes en droit d'attaquer par une action (Maynz, *Cours de droit romain*, tom. 1, § 206, note 41).

Pour faire comprendre la raison d'en douter, reprenons l'exemple déjà rapporté dans la première partie de notre travail :

Vous m'avez vendu le fonds de Titius, devenu son héritier ; vous revendiquez ce fond en qualité de successeur de Titius et en faisant abstraction de votre personnalité de vendeur, comme maître Jacques quittait son tablier de cuisinier pour se couvrir de la casquette du cocher. Mais dans notre législation, en présence de l'article 1599 :

« La vente de la chose d'autrui est nulle ; elle peut donner lieu à des dommages-intérêts lorsque l'acheteur a ignoré que la chose fût à autrui. »

Etes-vous bien un vendeur tenu de l'action pour éviction ? J'ose le dire, je ne le crois pas.

7. Le jurisconsulte du second Empire (Troplong, *Vente*, sur l'article 1599), n'a que des éloges pour cet article ; le reste n'était que subtilité. Cependant, malgré son admiration, il restreint singulièrement les effets de cette nullité.

« L'effet de la nullité de la vente de la chose d'autrui, » dit-il au n° 235 de son commentaire, « c'est d'empêcher la propriété de passer sur la tête de l'acheteur, c'est de l'obliger de rendre la chose au véritable propriétaire et de donner à celui-ci un droit de revendication. » Et comme preuve, nous sommes renvoyés à la loi 28, Dig., *De contr. empt.*, c'est-à-dire à une législation qui concluait d'une subtilité popularisée en France par Pothier, que la vente de la chose d'autrui était permise, de manière que dans les deux cas *res emptori auferri potest.*

Voilà les grands effets de l'article 1599 ; nous n'en trouverons pas d'autres. Malgré la maxime *quod nullum est ab initio nullo temporis momenti convalescere potest*, cette vente peut être ratifiée. M. Troplong veut bien, il est vrai, sauvegarder les droits des tiers ; mais il ne faudrait pas que le fisc avide vît là une source de nouveaux droits comme dans une nouvelle vente.

8. Enfin, Duranton avoue que cette prohibition de la vente de la chose d'autrui n'a qu'un effet : « C'est que l'acheteur d'un immeuble, qui peut démontrer que son vendeur lui a vendu la chose d'autrui, a le droit de demander l'annulation du contrat avant même d'être troublé dans sa jouissance par le véritable maître de l'immeuble. Oui, » ajoute-t-il, « c'est là le seul sens raisonnable que l'on puisse attribuer à notre nouveau principe ; c'est le seul effet particulier qu'il puisse produire, en l'opposant au principe contraire de l'ancien droit. »

Mais, outre que dans l'ancien droit il n'avait qu'à stipuler *Stichum dari*, s'il tenait à la propriété, les articles 1653 et 1655 (1) le protégeaient, il me semble, suffisamment dans notre nouveau droit.

9. Enfin, cette vente de la chose d'autrui que Tronchet trouvait ridicule (2) et que le code Napoléon, plus conforme au droit naturel que le droit romain et l'ancien droit français, déclare nul, donne quand même naissance à la garantie et à l'exception. « Le vendeur, » dit Troplong, « ne saurait être admis à ébranler son propre fait; comme garant, il serait repoussé dans une action qui aboutirait à l'éviction de celui qu'il doit défendre. » Si la vente était valable, ajouterons-nous; mais elle est nulle! L'article 1599 dit-il : « La vente de la chose d'autrui est nulle, mais elle peut donner lieu à l'exception de garantie, si le vendeur devient propriétaire et attaque l'acquéreur ? » Non, elle ne peut donner lieu qu'à des dommages-intérêts si l'acheteur n'est pas une sorte de complice, comme un recéleur. La seule réponse à faire à la revendication du vendeur sera l'exception de dol si sa mauvaise foi est

_____

(1) La résolution de la vente d'immeubles est prononcée de suite, si le vendeur est en danger de perdre la chose et le prix (art. 1655). Il est probable que l'art. 1599 n'a été fait que pour prohiber la circulation fiduciaire de la propriété immobilière au moyen des assignats ou au moyen de l'hypothèque sur ses propres biens, que permettait la loi de ventôse an III. Mais ce n'est qu'une conjecture.

(2) Disc. au conseil d'État, Fenet, t. 14, f. 24.

prouvée (Duvergier, *Vente*, tome 222). *Nemo
auditur propriam turpitudinem allegans*. Cette exception diffère de ce qu'on appelle l'*exception de garantie*
en ce qu'elle est personnelle, dans ce sens qu'elle
ne peut être invoquée contre l'héritier. Il faut donc
bien admettre, avec M. Leligois, que l'héritier pur
et simple, propriétaire d'un immeuble aliéné par
son auteur, peut, en demandant, du chef de ce dernier, la nullité de la vente, évincer l'acheteur. On
ne saurait sans contradiction reconnaître au vendeur
le droit de proposer la nullité de la vente tant que
la délivrance n'a pas eu lieu, et le lui refuser après (1).
Il faut alors admettre le système de Troplong, qui
enseigne que la nullité de la vente de la chose d'autrui ne peut jamais être invoquée par le vendeur (2).

9 *bis*. Il ne faut pas confondre l'inaliénabilité de
la chose d'autrui avec celle de l'immeuble dotal pen-

---

(1) *Contrà* Aubry et Rau, *Vente*, § 351.

(2) Conf. dans le même sens Merlin, *Ques.*, v° *hypothèque*, § 4 bis,
n° 6 ; Troplong, I, 238 ; Larombière, *Obligation*, art. 1138, n° 28 ;
Duranton, *Vente*, § 255. Ce dernier cependant semble se contredire
par la solution qu'il donne sur la loi 31 au Code, *De evictionibus*.
« Quant au cas où l'héritier pur et simple du vendeur dont la chose
a été vendue et livrée sans son aveu n'est héritier que pour partie
seulement, Henrys décidait qu'il peut la réclamer en totalité en
payant sa part dans les dommages-intérêts. Nous nous bornerons à
dire ici que nous préférons le sentiment de Henrys surtout, sous le
Code, où la vente de la chose d'autrui est nulle. »

dant le mariage. Cette dernière est relative et ne peut être demandée que par la femme, les héritiers ou le mari pendant le mariage (1), et aucune exception de garantie ne peut être opposée à ces personnes. Mais l'acquéreur ne peut pas invoquer la nullité (2), à moins que la femme n'ait pas consenti à la vente. Au point de vue de la garantie, ses droits se résument dans le droit de retenir le prix (3) absolument comme il le fait lorsque les biens sont aliénables sous condition de remploi. Mais une fois l'éviction accomplie, il ne peut retenir l'immeuble jusqu'à ce qu'il ait été remboursé des frais énumérés à l'article 1630 (4), ni même du prix. Le mari demeure seulement sujet aux dommages-intérêts de l'acheteur s'il n'a pas déclaré dans le contrat que le bien vendu était dotal, porte la fin de l'article 1560.

10. Il semblerait toutefois que l'article 1599 et ses prescriptions exorbitantes se trouvent battus en brèche par la loi du 23 mars 1855 sur la transcription.

Je vends un immeuble à Primus, et de suite après je le revends à Secundus, qui, plus diligent que Primus, fait transcrire l'acte avant lui. D'après l'article 1599, cette revente est nulle; car la convention

(1) Article 1560.
(2) Cass., 11 décembre 1815 et 25 avril 1831.
(3) Article 1653.
(4) Cass., 31 janvier 1837, 4 juillet 1849, 5 février 1845.

seule transférant la propriété (art. 1583), c'était
Primus qui était propriétaire et qui seul pouvait
vendre. Secundus m'actionnera en délivrance, et s'il
s'attaquait à Primus, ce dernier m'appellerait en
garantie. Je ne puis pas répondre au demandeur en
délivrance : la vente que je vous ai faite est nulle,
je ne puis que vous offrir des dommages-intérêts,
car il est le tiers de l'article 3 de la loi sur la transcription (1). De sorte que je ne pourrai pas dire
à Primus : La première vente est inexistante ; parce
que n'étant pas tiers vis-à-vis de lui, l'acte de vente
n'a pas besoin d'être transcrit pour pouvoir m'être
opposé. Ainsi, voilà une vente de la chose d'autrui
qui, bien que déclarée nulle par le code civil, per-
mettrait d'évincer l'acquéreur *a domino !* Quel est
l'effet de la vente de la chose d'autrui ? C'est de donner lieu à des dommages-intérêts dans un cas déterminé, et non de donner des droits sur l'immeuble ;
donc, Secundus n'a pas pu conserver, même en se
conformant aux lois, un droit inexistant, et n'étant
pas le tiers dont parle l'article 3, on pourra lui opposer la première vente. Le jugement qui déclarera
cette revente nulle sera, dans le mois à dater du jour

---

(1) En voici le texte : « Jusqu'à la transcription, les droits résultant des actes et jugements énoncés aux articles précédents ne peuvent être opposés aux tiers qui ont des droits sur l'immeuble et qui
les ont conservés en se conformant aux lois. »

où il a acquis l'autorité de la chose jugée, mention-
née en marge de la transcription faite sur le registre,
d'après l'article suivant.

Mais les actes translatifs de propriété doivent être
enregistrés avant d'être transcrits, de sorte que si le
premier acquéreur n'a pas une date certaine opposable aux tiers, Secundus pourra facilement établir
contre les faits l'antériorité de son titre, qui y est
transcrit, et, partant, enregistré.

Cependant, d'après l'article 1583, je suis lié comme
vendeur par la seule convention vis-à-vis de Primus ; donc, vainement je voudrais l'être vis-à-vis de
Secundus : l'article 1599 déclare cette obligation nulle.
Peut-on déclarer une des ventes nulle ? Est-ce la première ? Est-ce la seconde ? Ou plutôt : Quelle est la première, quelle est la seconde ? Ou bien : Y a-t-il une
éviction, et, partant, une action en garantie ouverte ?

Voilà quelle quantité de questions insolubles fait
naître ce que l'on a appelé le spiritualisme en matière de législation.

Il faut dire, avec un de nos honorables maîtres,
que la transcription est la promulgation de la vente,
sans laquelle elle n'est pas plus obligatoire pour les
tiers qu'une loi votée et non promulguée ne l'est
pour tous les citoyens (1).

(1) On dit encore dans le droit privé : « Paria sunt non esse et non
significari. » La Cour de cassation a jugé récemment que : dans le

Le recours en garantie, dans le cas de deux ventes successives consenties par un même individu, s'ouvrira en faveur du premier acheteur, si le second a fait transcrire ; car il l'évince par cette transcription.

11. Le principe de l'inaliénabilité du domaine public ne permet jamais aux usiniers d'avoir une force motrice sur les rivières navigables et flottables autrement que par simple tolérance, et l'administration se réserve toujours le droit « de prendre, dans l'intérêt de la police et de la répartition des eaux, des mesures qui privent d'une manière temporaire ou définitive les usiniers, sans que ceux-ci puissent prétendre à aucune indemnité » (Circulaire minist., travaux publics, 23 avril 1865). Même sur les rivières non navigables ni flottables, à raison de la clause que nous venons de transcrire et qui se trouve dans toute autorisation de prise d'eau, il en est ainsi. Ces changements que l'administration, soit centrale soit préfectorale, selon les cas (1), se réserve toujours

cas de vente d'un domaine entier régulièrement transcrite, on ne peut opposer à l'acquéreur la vente sous seing privé de diverses parcelles du domaine faite antérieurement à un autre acquéreur, alors même que celui-ci offrirait de prouver que l'acquéreur, par acte authentique, avait personnellement connaissance de cette vente antérieure et qu'il avait offert de restituer au premier acquéreur le prix de son acquisition des parcelles litigieuses. Cass., 31 mai 1875.

(1) Voir arrêt du 19 ventôse an VI, art. 9, et décret de décentralisation, tableau D, 1° et 2°.

le droit de faire, peuvent être nécessités par l'exécution de travaux dont l'utilité publique aura été légalement reconnue, soit de travaux publics qui seraient nécessaires pour la police ou la répartition des
eaux. Dans le premier cas, une nouvelle jurisprudence du Conseil d'Etat décide que le propriétaire a
droit à une indemnité réglée par le Conseil de pré-
fecture, s'il n'y a pas lieu à supprimer les bâtiments,
mais non dans le second cas (1).

Or, ces mesures ne sont prises, dans l'intérêt de
la meilleure répartion des eaux, que sur la demande
des riverains, car l'administration doit toujours supposer que tout est au mieux, si personne ne se
plaint.

Supposons, avec Proudhon, le cas où il y
aurait eu entre les parties intéressées une convention par laquelle l'une aurait renoncé à la faculté de
construire une nouvelle usine, ou se serait engagée
à n'en pouvoir élever que suivant certaines conditions déterminées. Suivant lui, et avec beaucoup de
raison, l'interprétation et l'appréciation d'une pa-
reille convention devrait être renvoyée aux tribunaux
civils ; mais il ajoute que les tribunaux ne pourraient

---

(1) Conseil d'Etat, 30 juin 1860, 16 août 1862, 10 septembre 1864,
9 janvier 1867 ; de Lafférière, 9 décembre 1864 ; Aumont-Thiéville,
24 février 1865 ; Damay, 20 juin 1865 ; Foulon, 27 août 1857, 15 mai
1858.

statuer « que sans préjudice des droits de l'administration, pour permettre ou refuser, dans l'intérêt
public, la construction de l'usine. » Les tribunaux
ne pourraient pas, il est vrai, ordonner directement
la démolition de l'usine ; mais ils pourraient accorder des condamnations de dommages-intérêts considérables, et qui, proportionnés à la durée du temps
pendant lequel l'usine serait en activité, obligeraient
bientôt le propriétaire à cesser cette lutte illégale.

Cette indemnité ne peut être réclamée qu'en vertu
de l'article 1382 ; car la vente d'un pareil droit ne put
être faite sur un cours d'eau navigable ou flottable.
Dans le cas contraire, le droit concédé était résolutoire. La prédominance des règlements administra-
tifs sur les conventions privées est irrécusable (Da-
viel, *Traité de la législation et de la pratique des
cours d'eaux*, §§ 570 et suiv.).

Si, par extraordinaire, le préfet faisait d'office un
nouveau règlement d'eau, la conduite du vendeur
devra être jugée selon les obligations qu'il a sous-
crites. Ce n'est plus un cas de garantie essentielle.

Si le vendeur n'a fait qu'user d'un droit qui lui
était accordé par un règlement antérieur à la vente,
la règle *neminem ledit qui suo jure utitur* semble
annihiler toute action. Cependant, remarquons que

_____

(1) Voir la célèbre affaire Baudry et Chodron, Dall., 1841.

l'article 1628 dit qu'il demeure tenu de la garantie
qui résulte d'un fait qui lui est personnel. Ces ex-
pressions si générales devront, d'après nous, s'étendre au cas; mais comme le règlement d'eau n'est
qu'une charge, si l'on admet que les rivières appartiennent au riverain, il suffira qu'il l'ait déclaré lors
de la vente pour qu'il en soit exempté.

12. Les obligations résultant pour l'Etat de sa
qualité de vendeur d'un immeuble ne font pas obstacle à ce que, pour l'exécution des travaux publics,
il use, soit par lui-même, soit par toute personne
substituée en son lieu et place, des droits que lui
confère la loi du 3 mai 1841 sur l'expropriation pour
cause d'utilité publique, ou de tous les autres droits
qui lui appartiennent, sous la réserve de l'indemnité
qui peut être due à l'acquéreur. C'est ce qu'a décidé
un arrêt du Conseil d'Etat, dont je transcris les principaux considérants :

« Considérant que la demande en indemnité formée
contre l'Etat par les dames Belle et Doazan, est mo-
tivée sur ce que les droits de vue et d'accès, auxquels
l'établissement du chemin de fer d'Auteuil aurait
porté atteinte, seraient expressément compris dans
la vente nationale qui a été faite à leur auteur le 2
juillet 1792; d'où il suivrait que l'Etat serait tenu,
comme vendeur, de leur garantir la pleine jouissance
de ces droits ; — considérant, d'une part, que les

obligations résultant pour l'Etat de la qualité de vendeur de l'immeuble dont il s'agit, ne faisaient pas
obstacle à ce que, le cas échéant, et pour l'exécution
des travaux publics, il usât, soit par lui-même, soit
par toute personne substituée en son lieu et place,
des droits que lui confère la loi du 3 mai 1841, ou
de tous les autres droits qui lui appartiennent sous
la réserve des indemnités qui seraient dues aux acquéreurs ; que, dès lors, les dames Belle et Doazan
n'étaient pas fondées à soutenir qu'en exécution du
contrat de vente sus-énoncé, elles auraient dû être
maintenues par l'Etat dans la pleine jouissance de
l'immeuble dont elles sont propriétaires » (Dalloz,
P., *Conseil d'Etat*, 3ᵉ partie, 1856, du 29 novembre
1855).

A part l'exception que nous venons de faire en
faveur de l'Etat vendeur, il est certain que les mots :
« faits qui lui sont personnels, » doivent être entendus
stricto sensu. Il faut, comme le dit l'article 1628 lui-
même, qu'ils soient personnels au vendeur et au vendeur seul, ou à la caution qui a contracté la même
obligation que lui. Différemment, la revendication
résultant de la nullité de la vente reste ouverte à
tous les héritiers, qu'ils acceptent sous bénéfice d'inventaire ou non, ainsi qu'à la femme qui accepte
purement et simplement la communauté pour l'immeuble que son mari a vendu sans son consente-

ment. Toutes ces questions, fort controversées autrefois, ne font plus de doute sous l'empire du code civil, quand on veut interpréter sainement l'article 1599.

CHAPITRE III.

DE LA GARANTIE DE DROIT.

SOMMAIRE.

1. La garantie que nous venons d'étudier est essentielle au contrat de vente et à bien d'autres contrats, avec des effets différents, il est vrai, car le bon sens emprunte le langage de la loi pour dire que donner et retenir ne vaut.

Pour nous servir du langage de l'immortel P o -

thier, nous allons étudier dans ce chapitre une garantie qui fait partie de ces choses : « qui sont seulement de la nature du contrat, qui en font partie, quoique les parties contractantes ne s'en soient point expliquées, étant de la nature du contrat que ces choses y soient renfermées et sous-entendues. »

Et il ajoute (*Traité des obligations*, partie I, chapitre I, § 3) « qu'il est de l'essence du contrat de vente que le vendeur ne retienne pas la chose, s'il en est le propriétaire. »

Et plus loin : « Dans le contrat de vente, l'obligation de garantie, que le vendeur contracte envers l'acheteur, est de la nature du contrat de vente; c'est pourquoi le vendeur contracte, en vendant, cette obligation envers l'acheteur, quoique les parties contractantes ne s'en soient point expliquées, et qu'il n'en soit pas dit le moindre mot dans le contrat; mais cette obligation étant de la nature et non de l'essence du contrat de vente, le contrat de vente peut subsister sans cette obligation ; et si par le contrat on est convenu que le vendeur ne sera pas obligé à la garantie de la chose vendue, la convention sera valable, et ce contrat ne laissera pas d'être un véritable contrat de vente, quoique le vendeur ne soit pas obligé à la garantie.

En d'autres termes, après l'étude d'une obligation imposée par la loi, nous passons à celle d'une obli-

gation qu'elle présume simplement, et nous termi-
nerons par l'étude de l'obligation conventionnelle de
garantie.

Cette garantie est donc une présomption légale,
et l'article 1627 (1), en permettant de l'étendre ou de
la restreindre, a admis par là la preuve contraire.

2. Mais comment cette preuve devra-t-elle être ad-
ministrée ? Elle résulte d'un contrat qui est généralement écrit, souvent dressé dans la forme authentique. D'où il suit qu'on pourrait invoquer l'article
1341 (2) pour repousser tous témoignages, et il faudrait que les charges dont le vendeur ne voudrait pas
garantir l'acquéreur, fussent expressément déclarées
au contrat. C'est, du reste, l'expression qu'emploie
l'article 1626 :

« Quoique lors de la vente il n'ait été fait aucune
stipulation sur la garantie, le vendeur est obligé de

(1) Les parties peuvent, par des conventions particulières, ajouter
à cette obligation de droit ou en diminuer l'effet ; elles peuvent même
convenir que le vendeur ne sera soumis à aucune garantie.

(2) Il doit être passé acte devant notaires ou sous signature privée,
de toutes sommes excédant la somme ou valeur de cent cinquante
francs, même pour dépôts volontaires ; et il n'est reçu aucune preuve
par témoin contre et, outre le contenu aux actes, ni sur ce qui serait
allégué avoir été dit avant, lors ou depuis les actes, encore qu'il
s'agisse d'une somme ou valeur moindre de cent cinquante francs.
— Le tout sans préjudice de ce qui est prescrit dans les lois relati-
ves au commerce.

droit à garantir l'acquéreur de l'éviction qu'il souffre dans la totalité ou partie de l'objet vendu, ou des charges prétendues sur cet objet et non déclarées lors de la vente. »

3. Cependant la Cour de cassation a décidé que le vendeur est à l'abri de l'action en garantie par cela seul que l'acheteur avait connaissance de l'existence des causes d'éviction ou des charges quoiqu'elles n'aient pas été déclarées dans le contrat (1), parce qu'elle est une présomption *juris* et *de jure* on l'appelle *garantie de droit* et on l'oppose à la garantie de fait que nous avons réservé, pour la dernière. Du reste, ce nom lui est encore donné par l'article 1626.

4. Le programme que nous nous sommes tracé ne nous permettra pas de nous occuper de la garan-

---

(1) Les articles 1626 et 1638 du code civil, en vertu desquels le vendeur est obligé de garantir l'acquéreur de l'éviction qu'il souffre dans la totalité ou partie de l'objet vendu, cessent d'être applicables lorsque l'acquéreur a pu avoir connaissance du vice dont il se plaint.

En conséquence, un arrêt a pu, sans méconnaître les principes posés par ces articles, affranchir de la garantie le vendeur qui, en cédant des eaux nécessaires à l'exploitation d'une usine, n'a pas déclaré l'existence d'un barrage supérieur qui avait pour effet de diminuer, dans des proportions considérables, le volume des eaux qui pouvaient être utilisées, si d'ailleurs les juges ont déclaré que l'existence de ce barrage ne pouvait être ignorée de l'acquéreur. Il y a là une constatation souveraine qui échappe à la censure de la Cour de cassation (Cass., 21 avril 1874).

tie de charges non déclarées que le texte de la loi ne nous permet pas de faire entrer dans le cas d'évictions. Cependant, comme il n'y a pas en droit français deux sortes d'action en garantie, ni même aucune action *stricti juris*, le sens du mot *éviction* doit être encore plus large qu'en droit romain. Il comprend tous les cas où, même sans sentence, l'acheteur ne peut conserver la chose par la vente qui lui en a été faite.

Donc, si c'est au titre d'héritier qu'il a acquis la chose, il actionnera son vendeur.

De même, s'il lui faut payer des créanciers hypothécaires (art. 2178), car il faut que ce soit le vendeur et nullement les créanciers ou le *de cujus* qui lui transmettent la propriété.

5. Irons-nous jusqu'à dire, comme le font certains auteurs, que tout trouble est une éviction?

C'est l'opinion de Troplong, mais toujours avec des réticences : « A la vérité, » dit-il (n° 431), « l'ar- » ticle 1626 ne le dit pas textuellement ; mais cette » obligation résulte de l'article 1604. » Or cet article parle de la délivrance qui consiste, d'après l'article suivant, dans la remise des clés ou des titres de propriété et nullement dans la défense ou dans la demande au possessoire au nom de l'acheteur ; puisqu'au contraire on lui remet les titres afin qu'il puisse agir lui-même si bon lui semble.

Si cette raison ne prouve rien ; nous pourrions en trouver une plus sérieuse dans l'économie du Code.

L'article 1625 porte :

> La garantie que le vendeur doit à l'acquéreur a deux objets : Le premier est la possession paisible de la chose vendue ; le second, les défauts cachés de cette chose ou les vices rédhibitoires.

D'où, une division en deux paragraphes :

§ I. De la garantie en cas d'éviction ;

§ II. De la garantie des défauts de la chose vendue.

Sous la première rubrique se trouvent rangés tous les troubles par les articles 1626 et 1638.

A nos yeux c'est un tort de vouloir argumenter de la division d'une loi comme l'on fait d'un ouvrage didactique. Certainement le but irréalisable de tout législateur est de pouvoir se passer de commentaires ; non qu'il veuille épargner des tortures aux Saumaises futurs ; mais parce que son œuvre y est si maltraitée d'ordinaire qu'il a juste sujet de les redouter. Sans nous soucier de l'ordre plus ou moins logique du Code, nous dirons : Toute éviction n'est d'abord qu'un simple trouble, c'est une demande en justice d'abord, puis peut venir l'ordre de délaisser qui est l'éviction proprement dite. Donc tout trouble de nature à amener une éviction sera par nous considéré comme tel ; mais nous écarterons soigneusement, en suivant du reste la distinction faite par l'article 1826, les troubles apportés à la possession par l'exercice des servitudes non apparentes ou la prétention de charges non déclarées lors de la vente.

6. Nous savons que la garantie essentielle est plus étendue pour les faits qui ont une cause postérieure à la vente que pour ceux dont la cause est antérieure. Ici il faudra, au contraire, que la cause de l'éviction remonte avant la vente; car après, la chose est aux risques et périls de l'acheteur.

Que déciderons-nous dans le cas d'une prescription commencée avant la vente et qui ne s'est terminée qu'après?

Un arrêt de la Cour de Bourges décide qu'une telle cause d'éviction pour le motif que nous venons de donner n'engage pas la garantie du vendeur.

Mais il y a également un arrêt en sens contraire de la Cour de Bordeaux du 4 février 1831 (Dalloz, *Vente*, 826, note 1, et 933, note 2); et disons d'abord que cette dernière opinion nous paraît préférable au point de vue de l'équité. En effet, la Cour de Bourges dit que l'acheteur ne peut se plaindre de sa propre négligence, qui a laissé le temps de la prescription s'accomplir; mais le vendeur n'a-t-il pas eu également tort de la laisser commencer?

La Cour de Bordeaux rappelle dans ses considérants le mot de Pothier (*Vente*, 87):

Le vendeur est tenu des évictions dont il y

avait une cause, ou du moins un *germe* existant
dès le temps du contrat de vente.

Ce mot *germe* est beaucoup trop large pour qu'il
puisse servir d'argument. D'après l'article 2280, la
prescription se comptant par jours, il suffirait que
le vendeur n'eût pas fait acte de propriétaire vis-à-vis
d'un tiers la veille même de la vente, pour qu'il y
eût un germe d'éviction dont il devrait garantie. Du
reste, Pothier fait au paragraphe suivant une exception pour les évictions dont l'acheteur est chargé par
la loi municipale :

« Par exemple, » dit-il, « si sur une demande en
retrait lignager ou en retrait féodal un acheteur
a souffert éviction de l'héritage qui lui a été
vendu, quoique la loi qui est la cause de ces espèces d'évictions soit une cause qui existait dès
le temps du contrat de vente, le vendeur n'est
pas tenu de ces évictions, parce que la loi municipale en charge l'acheteur qui est censé acheter aux charges de la coutume.»

Or, la prescription est-elle un mode d'acquérir,
comme le disent les articles 2219, 2279 et 712 (1),
ou bien peut-on la ranger parmi les présomp-

(1) 2279. La prescription est un moyen d'acquérir, etc...

712. La propriété s'acquiert aussi par accession ou incorporation
et par prescription.

tions légales énumérées au d° de l'article 1350 (1) ?

Si elle est un mode d'acquérir par le temps, elle ne saurait avoir d'effets rétroactifs. Son commencement ne signifie donc rien en lui-même, et on ne doit guère plus s'en soucier que d'un commencement d'occupation ou de tradition, s'il pouvait y en avoir. Mais si la prescription est une présomption légale, elle aura un effet rétroactif, et alors ce ne sera pas seulement le germe qui sera antérieur à la vente, ce sera la cause de l'éviction elle-même qui remontera au commencement de la possession. Dans ce cas, on pourra dire que le vendeur a vendu la chose d'autrui. Nous ne saurions nous arrêter à cette dernière opinion, en présence des articles 2219 et 712, échos des anciennes théories sur le droit de propriété, qui peut être créé arbitrairement par le roi ou par la loi (2).

(1) Les cas dans lesquels la loi déclare la propriété ou la libération résulter de certaines circonstances déterminées.

(2) C'était l'opinion du premier consul ; c'était celle de Robespierre, qu'il exprima en ces termes dans son discours du 24 avril 1793 à la Convention : « La propriété est le droit qu'a chaque citoyen de jouir et de disposer de la portion des biens qui lui est garantie par la loi. » — « Napoléon mettait à sa merci la propriété, déjà exténuée par une division excessive, en maintenant avec soin le droit de confiscation, en la soumettant non-seulement à une réglementation étroite, minutieuse, tracassière, mais à un droit d'expropriation, d'où il avait fait disparaître le paiement préalable de l'indemnité » (P. Lanfrey, *Histoire de Napoléon Iᵉʳ*, t. II, p. 408 et suiv.)

Par conséquent, d'après Pothier lui-même, au
§ 88 de son *Traité de la vente*, cette cause d'éviction
est à la charge de l'acheteur.

Il faut toutefois avouer que la prescription rentre
bien plus raisonnablement dans la définition des
présomptions, « conséquences que la loi ou le ma-
gistrat tirent d'un fait connu à un fait inconnu »
(art. 1349). Quand on est propriétaire, on possède.
Je vous vois posséder, voilà le fait connu, j'en conclus que vous devez être propriétaire, c'est le fait
inconnu.

7. Mais une raison d'équité plus forte nous engage
à mettre cette éviction, comme toutes les obligations
imposées par la loi municipale (1), à la charge de
l'acheteur. C'est en effet toujours à lui qu'incombe la
responsabilité d'avoir laissé écouler le laps de temps
qui rend son adversaire définitivement propriétaire.

Si nous adoptions l'opinion contraire, ce cas d'éviction devrait naturellement trouver sa place dans le
chapitre de la garantie essentielle : c'est le fait du
vendeur qui en est la cause (2).

---

(1) Pothier, *Vente*, n° 88.

(2) Marcardé cherche sous quel propriétaire la prescription a le
plus longtemps duré. *Quid* si la moitié du temps s'est écoulé sous
chacun d'eux?

L. 16, XXIII, 5 : « Si fundum, quem Titius possidebat bona fide,
longi temporis possessione poterat tibi quærere, mulier ut suum ma

8. Nous avons vu que les Romains ajoutaient au cas de force majeure déjà cité, faisant exception à la garantie de droit, l'injustice du juge. Nous verrons plus loin que si l'acheteur n'a pas appelé en garantie son vendeur en temps utile, la garantie cesse, si le vendeur prouve qu'il existait des moyens suffisants pour faire rejeter la demande (1), c'est-à-dire précisément s'il prouve l'injustice du juge. La décision est bien la même dans les deux législations ; mais le principe sur lequel elle repose diffère. La présomption de la chose jugée empêche que les juges ne prennent les procès à leurs risques et périls. Ils ne peuvent être responsables que sous une organisation judiciaire où, comme à Rome, il leur était permis de dire *non liquet* (2). Donc, si l'acheteur ne conserve pas son recours en garantie, c'est que l'on peut dire

rito dedit in dotem eumque petere neglexerit, cum id facere posset, rem periculi sui fecit, nam licet lex Julia, quæ vetat fundum dotalem alienari, pertineat etiam ad hujusmodi adquisitionem, non tamen interpellat eam possessionem, quæ per longum tempus fit, si, antequam constitueretur dotalis fundus, jam cœperat. Plane, si paucissimi dies ad perficiendam longitemporis possessionem superfuerunt, nihil erit quod imputabitur marito. »

(1) Article 1640.

(2) L'article 4 de notre code civil dit tout le contraire : « Le juge qui refusera de juger, sous prétexte du silence, de l'obscurité ou de l'insuffisance de la loi, pourra être poursuivi comme coupable de déni de justice. »

que l'éviction a eu lieu par sa faute. Comme, en cas d'éviction, il a le droit de répéter le prix entier de la vente, malgré la diminution du prix ou une dégradation fortuite ; son intérêt à être évincé pourrait amener une collusion dont le vendeur ne doit pas être victime. Mais remarquons qu'il faut dans notre Code trois conditions pour que l'erreur involontaire du juge amène la déchéance de l'acheteur :

1° Qu'il ait existé des moyens suffisants de défense ;

2° Que l'acheteur ne s'en soit pas servi ;

3° Que le vendeur le prouve.

A défaut de cette preuve, qu'il y ait erreur ou non de la part du juge, « *res judicata pro veritate habetur*, » l'article 1351 permet à l'acheteur d'exercer son recours en garantie (1).

9. Le fait du souverain était encore, absolument comme la'loi, un cas d'éviction que le vendeur ne pouvait garantir sans injustice ; puisque c'était une sorte de force majeure, un malheur commun à toute la France, dit Chopin dans ses *Consultations*, et que la chose, une fois livrée, passe au risque de l'ache-

---

(1) L'autorité de la chose jugée n'a lieu qu'à l'égard de ce qui fait l'objet du jugement. Il faut que la chose demandée soit la même ; que la demande soit fondée sur la même cause ; que la demande soit entre les mêmes parties et formée par elles et contre elles en la même qualité.

teur. Chez nous, les lois politiques semblent suffisamment nombreuses pour nous garantir contre ces
évictions sans appeler le vendeur; malheureusement
des lois administratives, encore plus nombreuses,
leur font souvent échec. L'article 17 de la déclaration
des droits de l'homme de 1789 consacre en ces termes l'inviolabilité de la propriété :

« La propriété est un droit inviolable et sacré ;
nul ne peut en être privé si ce n'est lorsque la nécessité publique, légalement constatée, l'exige évidemment, et sous la condition d'une juste et préalable indemnité. »

10. Pour ne citer que les principales lois administratives qui sont l'exception prévue par cette déclaration, nous avons la loi du 3 mai 1841 sur
l'expropriation pour cause d'utilité publique dont le
principe se trouve dans le Code civil lui-même (article 545) (1).

C'est la loi du 16 septembre 1807 qui oblige toutes
les localités réputées villes, et les communes ayant
une population agglomérée de 2000 habitants et au-
dessus, obligation étendue à toutes les communes
par la loi du 18 juillet 1837, article 31 18°, article 19

(1) Nul ne peut être contraint de céder sa propriété, si ce n'est
pour cause d'utilité publique et moyennant une juste et préalable
indemnité.

7°, toutes les communes sans distinction d'avoir un plan général d'alignement.

Ce sont les règles particulières auxquelles est soumise la propriété de certains biens d'une nature très-singulière et très-extraordinaire (1) : la propriété littéraire et les mines, minières, marais (2).

La loi du 28 août 1792, contenant dix-neuf articles additionnels au décret sur la suppression des droits féodaux, nous ramène cependant à l'époque des extorsions les plus arbitraires. Cette loi était censé un acte de justice. Donc, en principe, Brunemann l'eût exceptée de ces faits du souverain qui n'entraînent pas la garantie du vendeur (3); mais il ne se doutait certes pas que des législateurs pussent donner à une loi des formes aussi iniques. La Cour de cassation a décidé dans un arrêt du 27 pluv. an XI

_____

(1) Pothier, *Traité des choses*, 2, § 2 ; *Traité de la communauté*, nº 91.

(2) D'après l'article 552 du code civil, la propriété du dessus emporte celle du dessous. Cependant la loi de 1810 a conféré au gouvernement le droit de disposer des mines.

La propriété des marais est soumise à des règles particulières (Loi du 16 septembre 1807, art. 1). Ce sont là plutôt des charges que des évictions. En droit romain, il fallait révéler si la terre était chargée d'un *tributum* extraordinaire; mais dans le droit féodal, en vertu de la maxime : nulle terre sans seigneur, on n'avait pas à révéler les charges dues ; c'était à l'acheteur de s'en informer.

(3) « Secus autem, si princeps auferrat via juris et per modum processus » (Brunemann, sur la L. 11, *De evict.*, au Code).

(Merlin, vᵒ *Fait du Prince*), qu'il n'y avait pas lieu à garantie dans une éviction résultant de cette loi (1).

La garantie n'est pas due à raison des charges que fait peser sur l'immeuble acquis une ordonnance administrative (2) ; mais l'achat d'un immeuble, qui avait été précédemment vendu par l'Etat, avec cette clause : que l'acquéreur se conformerait aux aligne-

---

(1) Après avoir abrogé l'article 4 du titre 25 de l'ordonnance des eaux et forêts de 1669, ainsi que tous les édits, déclarations, arrêts du Conseil et lettres patentes qui autorisent le triage, l'Assemblée nationale les considère comme *non avenus*. Cependant cette disposition inouïe n'aura lieu, d'après l'article 2, « qu'autant que des ci-de-
» vant seigneurs se trouveront en possession actuelle desdites por-
» tions des bois et autres biens dont les communautés auront été
» dépossédées ; mais elles ne pourront exercer aucune action en dé-
» laissement, si des ci-devant seigneurs ont vendu lesdites portions
» à des particuliers non-*seigneurs* par des actes saisis de leur exécu-
» tion. »

L'article 10 est encore plus... curieux.

« Pour statuer sur les demandes en révision, cassation ou réfor-
» mation de cautionnement, ou sur des questions de propriété, droits
» fonciers, servitudes et usages ; s'il y a concours de plusieurs titres,
» le plus favorable aux communes et aux particuliers sera toujours
» préféré, sans avoir égard au plus ou au moins d'ancienneté de
» leurs dates, ni même à l'autorité de la chose jugée en faveur des
» ci-devant seigneurs. »

(2) De Villeneuve, 44, 209, 51, 85, 53, 525 ; dans ces différentes décisions, la Cour de cassation a toujours jugé d'après les anciens principes.

ments, entraîne la responsabilité du vendeur, qui devait dénoncer cette charge.

Une autre éviction par la loi que le vendeur ne doit pas garantir, quoiqu'elle ait un germe antérieur à la vente, est le retrait de l'article 841 (1).

12. Un des cas les plus fréquents d'éviction par le fait du vendeur est la surenchère. Mais, comme nous l'avons dit, ce n'est pas un cas donnant lieu à la garantie essentielle (2).

---

(1) Toute personne, même parente du défunt, qui n'est pas son successible, et à laquelle un cohéritier aurait cédé son droit à la succession, peut être écartée du partage, soit par tous les cohéritiers, soit par un seul, en lui remboursant le prix de la cession.

(2) La garantie est due, dans les termes des articles 1630 et 1636, code Nap., à l'acquéreur ou adjudicataire évincé, même en partie seulement, par l'exercice du droit de surenchère accordé aux créanciers inscrits (code Nap., 2192).

Et spécialement l'adjudicataire, sur licitation, de plusieurs immeubles n'ayant pas tous la même origine et soumis à des hypothèques différentes, qui, sur la notification de son contrat aux créanciers inscrits, se trouve évincé, par une surenchère partielle, d'une portion seulement de ces immeubles, mais tellement importante pour lui que, sans cette portion, il n'eût point acheté le reste, peut exciper de l'article 1636, code Nap., pour demander la résolution de son adjudication pour le tout.

On ne peut opposer, comme fin de non-recevoir, à l'adjudicataire évincé, qu'il aurait suffisamment connu, par le cahier des charges, les origines diverses de la propriété de ces immeubles, et qu'en faisant la ventilation du prix, dans la notification de son contrat aux créanciers inscrits, il aurait accepté d'avance les conséquences et

Il est d'abord certain que bien qu'il ait été convenu que le vendeur ne sera tenu d'aucune garantie,
si l'acheteur est évincé par suite d'une action hypothécaire lorsque la dette concernait le vendeur et
que l'acheteur ne s'était pas obligé à la payer, il y a
lieu à la garantie, attendu que c'est en ne payant
pas sa dette, par conséquent par son fait, que le vendeur a causé lui-même l'éviction.

Si donc les créanciers hypothécaires usent du
droit que leur donne l'article 2169 sommant l'acheteur de payer ou de délaisser, il aura un recours
contre son vendeur. C'est ce que décide en propres
termes l'article 2178 :

« Le tiers détenteur qui a payé la dette hypothécaire ou délaissé l'immeuble hypothéqué ou
subi l'expropriation de cet immeuble, a le recours en garantie, tel que de droit, contre le
débiteur principal (1). »

les éventualités de surenchères partielles qui pourraient avoir lieu
(Code Nap., 2192).

(1) Conf. cir. cass. 4 mai 1808 (D. A. 12. 874, note 2, et D. P. 8. 1.
230) ; Toulouse, 27 août 1834 ; Bordeaux, 21 avril 1836 (D. P. 35. 2.
114 ; 37. 2. 44) ; Duvergier, *De la vente*, t. I, nº 321 ; Duranton, t. 16,
nº 260 ; Troplong, *De la vente*, t. I, nº 426, *et des hypothèques*, t. IV,
nº 967 ; Merlin, *Rep. vº Tiers détent.*, nº 15. — *Contrà*, Paris, 25
prair. an XII ; Metz, 31 mars 1821 (D. A. 12. 873 et 874 ; D. P. 23. 2.
134 et 135. — V. Dalloz, *vº Garantie*, nºˢ 66 et suivants. Suppl.
Cod.

Nous retrouvons à peu près la même expression dans un autre article de la matière qui s'occupe d'une autre hypothèse. C'est l'article 2191 :

> « L'acquéreur qui se sera rendu adjudicataire aura son recours tel que de droit contre le vendeur pour le remboursement de ce qui excède le prix stipulé par son titre et pour l'intérêt de cet excédant, à compter du jour de chaque paiement. »

D'après ces deux articles, l'action en garantie du droit français a tous les caractères de l'action *ex empto* du droit romain. Elle subsiste toujours on le voit quoiqu'il n'y ait pas, à proprement parler, de délaissement.

Un arrêt de la Cour de Colmar (Sirey, 1813, 2.

Un arrêt de la Cour d'Aix du 30 janvier 1835 (D. P. 35. 2. 115) a également jugé que la garantie n'était pas due, au cas d'éviction par suite de surenchère ; mais cela a été jugé dans une espèce où il s'agissait, non plus de la surenchère du dixième, mais de la surenchère du quart (ancien code de procédure), exercée après vente sur licitation entre majeurs et mineurs, vente qui avait tous les caractères d'une vente forcée. Or, comme le dit très-bien la Cour, l'adjudication sur vente forcée ne constitue point une vente parfaite et définitive, puisque le législateur l'a subordonnée, d'après sa nature, à l'exercice du droit de surenchère ; et le vendeur ne peut être soumis à la garantie de l'adjudicataire, précisément parce que l'augmentation du prix ne le dépouille point, parce qu'il ne peut être en possession qu'après les délais de la loi et parce que le contrat suppose cette cause de résolution toujours sous-entendue.

241) a décidé que, contre les créanciers, il n'y avait
jamais lieu à répétition dans une espèce un peu différente, il est vrai ; donc celui qui paie pour conserver l'immeuble n'a de recours que contre le vendeur,
d'après l'article 125, 12° : une subrogation a lieu de
plein droit au profit de l'acquéreur d'un immeuble,
qui emploie le prix de son acquisition au paiement
des créanciers auxquels cet héritage était hypothéqué. On pourrait dire que c'est là le recours tel que
de droit dont parlent nos articles et qu'il ne saurait
y avoir d'éviction si le tiers détenteur reprend l'immeuble en payant, ou même le conserve, ou s'il se le
fait adjuger dans une surenchère. Mais Pothier qui,
il est vrai, est un romaniste et donne à la garantie
en cas d'éviction tous les caractères de l'action *evicti*,
que si évincer, proprement est ôter quelque chose
à quelqu'un en vertu de sentence... le nom d'éviction se donne aussi dans l'usage et à la sentence qui
ordonne le délai et même à la demande qui est donnée pour le faire ordonner. C'est pourquoi les demandes en revendication, les demandes en action
hypothécaire qui sont données contre quelqu'un,
sont appelées, dans le langage du palais, des évictions.

Ainsi, d'après Pothier comme d'après la loi
De evictionibus, l'action en garantie est ouverte sans
qu'il y ait dépossession. Rien de plus juste, dira-t-on :

le tiers détenteur est un *negotiorum gestor*, il a fait
les affaires du vendeur, il est subrogé aux droits des
créanciers qu'il a payés et s'il a dû éteindre une
somme de dettes plus fortes que son prix, il a un
recours en garantie contre le débiteur, car l'article 1251 ne dit plus qu'il soit subrogé. Mais nous
croyons que l'article 1251 ne statue que sur le *plerumque fit* lorsqu'il ne parle que du prix. Cet article
était nécessaire dans une législation qui a proscrit
la clause de voie parée, clause par laquelle un débiteur donne à son créancier, pour le cas « où il n'exé-
cuterait pas les engagements qu'il a pris envers celui-ci, le droit de faire vendre les immeubles à lui
appartenant sans remplir les formalités prescrites par
la saisie immobilière. »

Si, par extraordinaire, l'acheteur paie les dettes au
delà du prix, c'est qu'il veut éviter l'éviction; mais
il n'en est pas moins évincé vis-à-vis son vendeur
puisqu'il conserve l'immeuble, non pour le prix de
la vente, mais pour une somme supérieure à ce prix,
excédant qui devra lui être remboursé par la voie de
la garantie au moins quelque sens que l'on attache
à l'article 1251. De même pour les frais de purge,
d'après l'article 1653.

Si l'acheteur est troublé, ou a juste sujet de craindre d'être troublé par une action soit hypothécaire,
soit en revendication, il peut suspendre le paiement

du prix jusqu'à ce que le vendeur ait fait cesser le trouble, etc.

Ce trouble cessera dans le cas d'action hypothé-caire par la formalité du purgement. Hâtons-nous d'ajouter que tous les auteurs sont d'accord en pré-sence de l'article 2178 ; la controverse n'existe que pour 2189.

Mais ce recours en garantie accordé au tiers déten-teur par l'article 2178 se trouve singulièrement res-treint (1), car il suffit que le vendeur ait déclaré au tiers qu'il se déchargeait sur lui du soin de désinté-resser ses créanciers pour qu'il n'y ait plus d'action en garantie, malgré l'article 1628 ; comme nous l'avons dit plus haut, c'est le cas de répéter, avec tous ceux qui ont écrit avant nous sur la matière, la fameuse phrase de Cicéron : « Ubi judicium, emp-tori ibi fraus venditoris quæ potest esse! » (De off., III, 13.)

La controverse devient réellement plus sérieuse dans le cas de surenchère.

Il est certain pour nous que la surenchère provient d'un fait antérieur à la vente, c'est l'hypothèque que le vendeur a consentie sur l'immeuble vendu s'il dé-clare donc qu'il ne veut pas payer lors du contrat. Il ne sera pas tenu de la garantie. Cette éviction,

(1) Troplong, *Vente*, 426

quoique provenant de son fait, ne donne pas lieu à
une garantie essentielle, comme nous l'avons déjà
fait observer. Mais, dans le cas contraire, nous esti-
mons que la surenchère est précisément l'effet de
l'hypothèque qui est un droit réel restreignant le
jus abutendi, empêche d'aliéner au prix qu'il con-
viendrait au débiteur ; donc, on ne saurait l'assimi-
ler aux retraits au cas de force majeure, de fait du
prince, etc., et la mettre à la charge de l'acheteur.

Cette éviction hypothécaire donne lieu à une autre
discussion pour savoir s'il suffit, pour que l'acquéreur soit privé de son recours en garantie, qu'il connût les hypothèques, ou s'il faut que le vendeur les
déclare, ou bien qu'il annonce, en outre, qu'il ne
veut pas désintéresser ses créanciers.

On distingue les hypothèques qui proviennent du
chef du vendeur de celles qui ont été consenties par
les propriétaires antérieurs.

Pour les premières, il faut qu'il les déclare ou qu'il
vende à charge de telles hypothèques. Quant aux se-
condes, on les assimile à des servitudes et il suffit
que l'acquéreur en ait eu connaissance et qu'elles
aient été déclarées par le vendeur originaire dans la
précédente mutation de propriété ; car, différemment,
ce dernier serait garant. On se base sur cette présomption que l'acheteur espère, sauf déclaration contraire, que son auteur paiera ses dettes ; mais il ne

peut raisonnablement supposer qu'il paiera celles d'autrui ; donc, si celui-ci n'est que détenteur, la connaissance, positivement acquise par l'acheteur, de l'existence des hypothèques, entraîne l'idée qu'il a voulu contracter avec toutes les charges qu'il savait peser sur l'immeuble.

Cependant, la loi semble écarter cette présomption par l'article 1626 qui oblige le vendeur à garantir de droit toutes les charges prétendues sur l'objet vendu et non déclarées. C'est sur cette disposition que Duranton se base pour exiger la déclaration dans tous les cas, mais je ne pense pas que la loi entende par charges un droit réel aussi important que l'hypothèque (1).

(1) *Addé* art. 2059 (Stellionat).

CHAPITRE IV.

GARANTIE ACCIDENTELLE.

SOMMAIRE.

1. Des clauses qui ajoutent à l'obligation de garantie.
2. De la simple promesse de garantie.
3. Nécessité d'une clause expresse pour augmenter l'obligation du vendeur.
4. Mais elle n'a pas à prévoir tous les cas.
5. Extension quant aux effets.
6. De la garantie restreinte.
7. Force des usages locaux.

1. Dans la vente, comme dans tous les contrats, les conventions font la loi des parties. « Convenances vainquent lois, » disent nos anciens auteurs.

L'article 1627 prend le soin de nous le répéter en ces termes :

> Les parties peuvent, par des conventions particulières, ajouter à cette obligation de droit...

Nous allons donc étudier, sous ce titre de garantie accidentelle, les différentes clauses employées pour aggraver l'obligation du vendeur et la portée de chacune d'elles. Bouteiller disait dans sa *Somme rurale* : « Garantie est quand, par la coulpe ou de son temps, serait advenu le dommage sur la chose vendue. »

Cette définition est encore juste aujourd'hui; de telle sorte que si l'acheteur a simplement stipulé la garantie en cas d'éviction dans son contrat, il ne s'agira que de la garantie de droit.

2. Cependant, cette stipulation formelle de la garantie peut être une clause extensive d'une grande portée, si, par exemple, l'acheteur connaissait, au moment du contrat, le danger de l'éviction, au su du vendeur (1). Car si l'acquéreur était seul à connaître cette cause d'éviction, avec Pothier, nous lui refuserions des dommages-intérêts; l'équité voudrait plutôt que ce fût lui, s'il y avait dissimulation de sa part, qui en payât à son vendeur.

A part cette exception, nous n'accordons pas plus d'importance à ces clauses de style que les notaires insèrent par routine et machinalement dans leurs actes, sans en faire connaître la portée aux parties, telles que :

« Le vendeur promet garantie pour tous troubles et empêchements quelconques. »

---

(1) *Contrà* Bordeaux, 13 mars 1809; mais il s'agit d'une vente de la chose d'autrui.

10

C'était autrefois un protocole dans les actes, par lesquels le roi engageait des biens domaniaux. La Cour de Nancy ne s'est pas arrêtée à la quasi-solennité de ces termes, dans un arrêt du 28 mars 1833, rendu en faveur du préfet des Vosges contre le comte d'Hoffelize.

Dans le même sens, nous avons un arrêt de la Cour de cassation du 27 pluviôse an XI, longuement commenté par Merlin (V° *fait du prince*). Cependant, comme dans ce cas, la cause d'éviction semblait connue des parties, nous nous rangeons à l'avis de Merlin.

3. Il résulte de cette jurisprudence (1) si conforme à la raison que, pour qu'un fait postérieur à la vente soit à la charge de l'acheteur, il faut une clause expresse. S'il est vrai que la garantie cesse d'être due, lorsque l'acheteur a connu, au moment de la vente, la cause de l'éviction; d'un autre côté, si, dans le contrat de vente, le vendeur s'est soumis à toute garantie de droit et de fait, cette clause acquiert une importance bien plus considérable quand elle se trouve en quelque sorte déterminée par les cas d'éviction que les parties semblent avoir en vue au moment du contrat. Il faut donc bien admettre qu'il puisse y avoir une vente où l'acquéreur a exigé une

(1) Bordeaux, 23 janvier 1826.

garantie aussi complète que possible, et l'on ne peut, d'un autre côté, vouloir que les mille causes d'éviction qui peuvent se présenter aient été énumérées dans le contrat. Ainsi, une clause conçue dans ces termes :

4. « Les copropriétaires garantissent l'adjudicataire de tous dons, douaires, hypothèques, de toutes évictions généralement quelconques, » a été étendue par un arrêt de la Cour de cassation même à un cas d'éviction provenant de la nullité d'un acte.

Cette interprétation nous paraît conforme au § 2 de l'article 1602, qui dit :

' Tout pacte obscur ou ambigu s'interprète contre le vendeur.

5. Nous appelons enfin *garantie accidentelle* ou *garantie conventionnelle* les clauses par lesquelles les parties attribuent à la garantie due dans les cas ordinaires des effets plus graves que ceux que doit produire une éviction, par exemple des dommages-intérêts, qui seront une garantie avec clause pénale (art. 1226 et suiv.). Elles peuvent changer la position du vendeur de bonne foi de l'article 1634 en celle que fait l'article suivant au vendeur de mauvaise foi (1), et l'oblige ainsi à indemniser l'acheteur

---

(1) 1634. — Le vendeur est tenu de rembourser ou de faire rembourser à l'acquéreur, par celui qui l'évince, toutes les réparations et améliorations utiles qu'il aura faites au fonds.

même des dépenses voluptuaires qu'il a pu faire sur la chose évincée.

6. Les commentateurs appellent aussi garantie conventionnelle la garantie légale restreinte par la convention des parties. Mais cette garantie restreinte, dans les difficultés d'interprétations qu'elle peut présenter, a été étudiée sous la rubrique : *De la garantie essentielle.*

« Toutes ces conventions, » dit Domat(1), « ont leur justice sur ce qu'on achète plus ou moins cher ou sur d'autres vues, et sur ce qu'on achète, en effet, que ce qui est vendu et tel que le vendeur veut le garantir. » La dernière raison est plus que suffisante ; la première ne signifiait rien.

7. Nous savons qu'en droit romain (2) ce qui était dans les usages devenait un droit muni d'une action dans les contrats de bonne foi tels que la vente. Nos anciens auteurs décidèrent, d'après ce texte, que : « Si, outre la garantie naturelle et la conventionnelle, il y a quelque coutume et quelque usage des lieux qui règlent quelque manière de garantie, le vendeur en sera tenu. »

1635. — Si le vendeur avait vendu de mauvaise foi le fonds d'autrui, il sera obligé de rembourser à l'acquéreur toutes les dépenses, même voluptuaires ou d'agrément, que celui-ci aura faites au fonds.

(1) *Lois civiles,* livre I, t. II, sect. 10.
(2) L. 9, D., XIX, 1.

Mais les usages ne doivent servir aujourd'hui qu'à interpréter la loi, à la suppléer au besoin, et non pas à régler les conventions des parties, lorsque notre Code n'en dispose pas ainsi. Cependant, un vieil arrêt de la Cour de Besançon, du 11 décembre 1809, a admis encore l'existence de l'usage dans le silence du contrat (1).

Cet arrêt ne décide rien dans cette question, parce que la vente dont il s'occupe est du 20 vendémiaire

(1) Considérant que, si l'on suit la rigueur des lois, la vente du 20 vend. an XI doit être censée faite à la mesure, mais dans le silence des parties sur la mesure qu'elles voulaient adopter, elles sont présumées avoir choisi la mesure du lieu où le bois est situé et où la livraison devait être faite ; que c'est par conséquent l'arpent de Dampière et non celui du lieu du contrat que les parties ont eu en vue, puisque le bois vendu est situé sur le territoire de Dampière ; considérant que Dampière faisait partie de la Lorraine et était soumis à l'ordonnance des ducs de Lorraine de 1707 qui régissait cette province ; que l'ordonnance de 1669, n'y ayant jamais été publiée, ne peut avoir force dans cette contrée ; que la réunion du territoire de Dampière au département de la Haute-Saône n'est qu'une réunion administrative qui n'a pas abrogé de plein droit la loi en vigueur dans le pays réuni pour y substituer celle en usage dans celui auquel on le réunissait ; que, par conséquent, l'ordonnance de Lorraine était encore obligatoire à Dampière le 20 vend. an XI, et que la mesure fixée par cette ordonnance est la seule à consulter ; que les premiers juges ayant accordé au sieur Demandre la totalité du bois de frai, quoique, d'après la mesure de Lorraine, il ne pût en obtenir que les trois quarts, il est sans intérêt à appeler de leur décision ; ordonne que le jugement sera exécuté.

an XI, et que le titre de la vente a été promulgué quelques mois après le 25 ventôse an XII. La vente n'a pas besoin d'être entravée par des lois particulières qui seront souvent personnelles à l'une des parties seulement.

Ces usages, qui sont d'un grand secours dans les questions de louage, de rapport de voisinage, questions qui supposent l'habitation dans le même endroit des deux parties, ne pourraient que nuire dans un contrat qui a un caractère aussi général, aussi international, aussi universel que la vente.

Du reste, le Code a suffisamment réglementé cette matière pour qu'il n'y ait pas de lacune par laquelle l'usage rentre dans la loi pour la suppléér.

CHAPITRE V.

PROCÉDURE.

1. Le titre de propriétaire a été entouré par nos lois de garanties telles, que souvent le plus cher désir

de ceux qui l'ont, est de le perdre. Une éviction ou
une expropriation est devenue chez nous une bonne
fortune. *Beati possidentes*, disait-on autrefois. Aujourd'hui, il semblerait plus juste de dire : Bien-
heureux les dépossédés. En effet, insouciant de l'issue du procès (1), dès qu'un acquéreur se trouve
dans l'un des cas que nous venons de passer en revue, il oppose à la demande en délaissement qui
lui est faite ce que l'on appelle dilatoire de garantie;
c'est-à-dire que sur l'assignation de comparaître qui
lui est donnée, il prendra un délai de huitaine,
plus un jour par cinq myriamètres (art. 175 et 1033,
Proc. civ.) (2) pour appeler garant, à moins que son

---

(1) De Fontaines avait déjà remarqué qu'il valait mieux plaider
contre le vendeur que contre l'acheteur. Voir *Conseil*, chap. XXXV,
art. 19 de l'éd. de Du Cange, 20 du ms. de Troyes, éd. Marnier, *in
fine*.

(2) 175. — Celui qui prétendra avoir droit d'appeler en garantie
sera tenu de le faire dans la huitaine du jour de la demande originaire, outre un jour pour trois myriamètres. S'il y a plusieurs garants intéressés dans la même garantie, il n'y aura qu'un seul délai
pour tous, qui sera réglé selon la distance du lieu de la demeure du
garant le plus éloigné.

1033 (Loi du 3 mai 1862). — Le jour de la signification et celui de
l'échéance ne sont point comptés dans le délai général fixé pour les
ajournements, les citations, sommations et autres actes faits à personne au domicile. — Ce délai sera augmenté d'un jour à raison de
cinq myriamètres de distance. Il en sera de même dans tous les cas
prévus, en matière civile et commerciale, lorsqu'en vertu des lois,

vendeur ne soit en cause, cas auquel il est bien certain qu'il ne peut exiger ces huit jours, puisqu'il n'aurait pas la raison d'être (1). Pour jouir de ce

décrets et ordonnances, il y a lieu d'augmenter un délai à raison des distances. Les fractions de moins de quatre myriamètres ne seront point comptées ; les fractions de quatre myriamètres et au-dessus augmenteront le délai d'un jour entier. Si le dernier jour du délai est un jour férié, le délai sera prorogé au lendemain.

(1) Sur la 2ᵉ branche du même moyen : Attendu que le même arrêt, en statuant sur les demandes et conclusions formées dans le cours du mois de juillet 1846 ou à l'audience du 21 août, n'a point violé non plus les articles 175 et 178 du même code de procédure, qui ne prononcent aucune déchéance entre les demandes en garantie formées après le délai de huitaine qu'ils déterminent et qui ne s'appliquent qu'aux demandes en garantie à exercer, par exploits d'assignation, contre une partie qui n'est pas déjà en cause et qu'il s'agit d'y appeler, et nullement à des conclusions en garantie proposées contre les parties déjà au procès.

N. Le délai de huitaine dont parle l'art. 175 n'est pas établi dans l'intérêt du garant : il a pour unique but de limiter le temps pendant lequel l'action principale pourra être suspendue par la déclaration du défendeur originaire qu'il entend exercer contre un tiers une action en garantie. De là cette double conséquence qu'aucun déla n'est prescrit toutes les fois que, comme ici, la demande en garantie est formée entre les parties qui sont déjà en cause, et qu'en tout cas l'appelé en garantie ne peut se prévaloir de l'expiration du délai pour obtenir un renvoi. — V., sur ce dernier point, Bruxelles, 10 juillet 1809 (D. A. 7. 622), et, dans le même sens, MM. Rodière, sur l'art. 2 du t. 8 de l'ordonnance de 1667 ; Favard de Langlade, *Répert.*, t. 2, p. 464, Dalloz aîné, t. 7, p. 622, n° 3 ; Carré, *Lois de la proc.*, quest. 764; Chauveau sur Carré, *eod.;* Berriat-Saint-Prix,

droit, une seule obligation lui est imposée : c'est de
ne pas attendre le prononcé du jugement, fût-il préparatoire ou interlocutoire.

2. A part cela, le délai de l'article 175 n'a rien
de fatal pour lui ; la Cour de cassation a jugé avec
raison, dans l'arrêt déjà cité, qu'il était accordé dans
l'intérêt du demandeur principal, qui ne peut pas
attendre éternellement un adversaire (1).

p. 230, n° 55 ; Pigeau, t. 1, p. 397 ; Lepage, p. 84 ; Bioche, *Dict. de
proc.*, v° *Garantie*, n° 23 et note (D. G., Cod., v°, n° 499).

Cassation. — Dalloz, 1ʳᵉ partie, p. 284.

(1) Attendu qu'on a soutenu d'abord que cette action est quant à
présent non recevable parce que les héritiers Lebreton n'ont pas été
mis en cause dans les délais de l'art. 175, C. proc. civ. ; que dès
lors Grancher devait continuer à procéder comme il avait commencé,
sauf à exercer ensuite son recours après le jugement définitif de
l'action principale, mais attendu que cette fin de non-recevoir paraît
inadmissible ; que si celui qui pouvait appeler garant et qui a négligé de le faire peut, après le jugement du procès, former sa demande par voie principale et doit réussir dans cette demande si l'on
ne prouve pas qu'il a négligé des moyens à l'aide desquels il aurait
pu repousser la demande originaire, on ne voit pas pourquoi il ne
pourrait pas intenter son recours, même après les délais de l'art. 175,
C. proc. crim., et lorsque la cause a déjà été l'objet d'un jugement
préparatoire ; que le garant ne peut se plaindre qu'autant que, dans
les errements de la procédure commencée, il trouvait qu'on lui a
porté préjudice ; que rien de semblable n'est articulé ; que la fin de
non-recevoir doit donc être écartée ; attendu que, sans doute, si le
jugement de l'action en garantie intentée après les délais devait re-
tarder le jugement de l'action principale, les héritiers de Beaunay
auraient le droit de demander la disjonction, mais que rien n'empê-

Mais dès qu'une décision judiciaire est prononcée
contre lui, il est censé vouloir soutenir le procès en
qualité de propriétaire ordinaire, sauf le recours en
garantie qu'il conserve toujours, à moins qu'il ne se
trouve dans le cas prévu par l'article 1640.

3. Ce rôle de l'acquéreur est tout à fait conforme
aux règles de la garantie formelle dont nous avons
exposé le jeu dans l'ancien droit. Il n'est assigné
que *propter rei detentionem*. Sa situation offre quelque analogie avec celle du tiers-détenteur en matière
hypothécaire, c'est-à-dire avec celui qui possède
l'immeuble à titre de propriétaire, sans avoir traité
avec les créanciers ni pour la dette ni pour l'hypothèque. Il n'est lié par aucune obligation personnelle

che de statuer en même temps et sur l'action principale et sur le
recours ; que dès lors la prétention des héritiers Lebreton est sans
objet ; qu'à la vérité les héritiers Lebreton, pour parvenir à donner
du corps à cette prétention et différer la condamnation dont ils peuvent être l'objet, ont évité de conclure au fond, mais qu'on ne peut
admettre qu'un défendeur aura le droit de prolonger indéfiniment
une instance en proposant ses moyens de défense successivement :
les fins de non-recevoir d'abord, les arguments sur le fonds ensuite ;
que de cette manière on donnerait lieu à une multitude de jugements,
on augmenterait les frais sans nécessité et on retarderait le jugement
du procès, au grand préjudice des plaideurs ; que c'est uniquement
dans le cas d'incompétence qu'on ne peut cumuler le déclinatoire et
le fond ; que, hors ce cas, le défendeur qui ne propose pas tous ses
moyens simultanément doit être jugé comme il se présente et doit
supporter la conséquence de la position qu'il s'est faite.

vis-à-vis du demandeur. Or, si l'objet de la réclamation est fondé, son droit est résolu ou n'a jamais
existé ; il n'a guère plus de raison à défendre la
chose vendue qu'un locataire, un fermier ou tout
autre détenteur précaire. C'est là un resultat très-
bizarre, si on le compare au droit romain. A Rome,
où la vente n'impliquait pas nécessairement transmission de la propriété, l'acheteur troublé dénonçait
la demande à son vendeur pour lui dire : « Soyez
témoin que je ferai tout mon possible afin de conserver l'objet revendiqué; si vous croyez avoir plus de
puissance que moi, prenez ma défense; mais ne ve-
nez pas dire que je n'ai pas fait le possible, si vous
ne voulez vous en décharger. » Et il répondait à la
revendication comme un véritable propriétaire. En
France, cette propriété que la vente transfère, d'après
le Code, s'évanouit au premier choc. Dès qu'il est
attaqué, le vendeur décline toute qualité de propriétaire, et, si nous allons au fond des choses, répond :
« Je ne suis que créancier de la garantie; dirigez votre
revendication contre celui qui a aliéné sa propriété
en ma faveur. »

4. Nous connaissons la cause de cette singularité,
qu'il nous suffit de signaler de nouveau ; revenons
au devoir de l'acheteur. Il doit, s'il ne veut pas cou-
rir les chances du procès, laisser la défense de ses
droits intacte. Donc, l'assigné qui a un garant doit

le mettre en cause dès l'origine, d'après l'article 175 du code de procédure.

Mais il est admis, malgré l'article 464 du même code (1) et la réserve qu'il fait en faveur des demandes nouvelles qui sont la défense à l'action principale, que l'on ne peut appeler garant en appel. L'article 464 n'entend parler que des demandes incidentes des parties les unes contre les autres, et ici ce serait contre un tiers que la demande serait dirigée. Mais l'article 178 dit formellement qu'il n'y a pas d'autre délai que les huit jours à partir de la demande originaire; en appel, ces huit jours seront sans doute écoulés. Le garant a, du reste, une excellente raison pour repousser cette assignation tardive : c'est qu'elle forme à son égard une demande principale qui doit par conséquent subir les deux degrés de juridiction. Ainsi, il se réservera le bénéfice de l'article 1640 du code civil, qui lui permet, pour repousser la demande en garantie, d'établir que le garanti eût été maintenu en possession par les moyens qu'il aurait fournis, si on l'eût appelé à temps. Au lieu que si, traduit devant les juges d'appel, légalement saisis de la contestation, il prend des conclusions au fond, il est non recevable alors à cri-

(1) Il ne sera formé, en cause d'appel, aucune nouvelle demande, à moins qu'il ne s'agisse de compensation ou que la demande nouvelle ne soit la demande à l'action principale.

tiquer une décision qu'il a lui-même provoquée (1).
Il suit de là qu'il peut renoncer au premier degré de
juridiction (2).

5. Cependant, entre les parties, la demande en
garantie est seulement incidente, et elle a une grande
connexité avec la demande originaire, quoique faite
par le défendeur. Si la demande principale est rejetée, il n'y a pas lieu à garantie, puisqu'il n'y a pas
d'éviction. Voilà pourquoi l'assigné en garantie est
tenu par l'article 181 (Proc.) de procéder devant le
tribunal où la demande originaire sera pendante (3) ;

(1) Cassation, 16 juin 1824.

(2) Sur la deuxième question ; attendu que c'est Achille Juin qui
a mis en cause, devant la Cour, la veuve Juin et qui a provoqué l'intervention de Lemaître de Marsilly en prétendant qu'ils étaient ses
garants ; qu'à la vérité, il se borne à conclure à ce que le présent
arrêt soit déclaré commun avec eux pour que ces derniers ne puissent pas lui opposer ultérieurement l'exception de non valable défense ; mais que la veuve Juin et Lemaître, pour ne pas être exposés à un nouveau procès, demandent formellement, par leurs
conclusions, qu'il soit dès maintenant décidé que l'appelant n'a aucun recours à exercer contre eux ; qu'une semblable demande est
une défense à la prétention formulée contre eux, même au point de
vue de la déclaration d'arrêt commun ; qu'elle est dès lors recevable
en appel, parce qu'il est loisible de renoncer au premier degré de
juridiction (*Addè* req. 21 mars 1855. D. P. 55. 1. 135).

Cour de Caen, 26 novembre 1870 ; voir encore cassation, 11 février 1840, affaire Girard contre Violot et consorts, et 26 juin 1810, affaire Azaïs contre Gleizes.

(3) Ceux qui seront assignés en garantie seront tenus de procé-

car's'il pouvait demander son renvoi devant le tribunal de son domicile, il pourrait en résulter une contrariété de jugement sur l'objet de la demande principale. Le premier tribunal, la croyant fondée, condamnerait le défendeur, qui est l'appelant en garantie; le second, d'une opinion contraire, absoudrait le défendeur, en disant qu'il n'y a pas lieu à exercer la garantie (1). Cette raison que donne Pigeau (*Pr. civ.*,

---

der devant le tribunal où la demande originaire sera pendante, encore qu'ils dénient être garants ; mais s'il paraît, par écrit ou par l'évidence du fait, que la demande originaire n'a été formée que pour les traduire hors de leur tribunal, ils y seront renvoyés.

(1) Cette action peut parfaitement se séparer eu appel. Besançon, 1863. La Cour, vu les articles 178, 182, 184, cod. proc. civ., 1 et 2, L. 11 avril 1838, en droit : considérant que l'action en garantie est, de sa nature, principale entre les parties originaires ; que si, en vue de diminuer les frais et d'assurer prompte justice, la loi permet de réunir, pour les soumettre au même juge, la demande primitive et l'action récursoire, elle ne crée pas entre elles une indivisibilité absolue, mais seulement une simultanéité de procédures fondée sur la connexité des litiges ; que, loin d'être confondues, les deux actions n'en demeurent pas moins distinctes ; qu'en effet, l'art. 178, cod. proc. civ., ne veut pas que le jugement de la demande principale soit retardé par l'action en garantie ; que ces deux actions peuvent être disjointes, aux termes de l'art. 184, si la dernière n'est pas en état, pour être successivement jugées et déférées, s'il y a lieu, à d'autres magistrats ; qu'il n'y a pas toujours entre ces deux actions identité de nature, de cause ni d'objet; qu'elles se suivent entre des parties différentes ; que le demandeur originaire reste étranger à la demande en garantie, sauf le lien direct qui pourrait s'établir entre lui et le garant, en matière de garantie formelle et dans le cas spécial

t. I, chap. I, 7) ne nous paraît pas probante. Les questions qu'aurait à se poser le second tribunal, celui où se viderait la demande en garantie, consisteraient simplement à se demander s'il y a des évictions, c'est-à-dire enlèvement de la chose vendue par jugement et si le défendeur doit être garant par suite de son contrat ; mais ce tribunal méconnaîtrait l'autorité de la chose jugée s'il voulait réformer le

de l'art. 182, lorsque le garant prend le fait et cause du garanti, et que ce dernier réclame et obtient sa mise hors de débat ; que le chiffre de la première demande peut être déterminé et celui de l'action récursoire ne pas l'être ; qu'il peut, en outre, surgir, comme dans l'espèce, entre le garant et le garanti, des constatations spéciales excédant les limites du premier degré ; que, dans ces circonstances, la demande en garantie ne saurait réagir sur la demande principale, en changer les conditions primitives et modifier les règles de juridiction à l'égard du demandeur originaire ; que la situation de ce dernier est fixée par le taux de sa demande personnelle, sauf le cas de demandes reconventionnelles formées directement contre lui dans les conditions prévues par l'art. 2 de la loi du 11 avril 1838 ; qu'autrement le sort de la demande principale, au point de vue des degrés de juridiction, ne serait plus réglé entre les parties originaires par le taux de leurs demandes respectives, mais par celui d'un recours accessoire formé par l'une d'elles contre un tiers ; que les règles de compétence et de chose jugée tiennent à l'ordre public et sont de rigueur ; qu'il s'agit de deux actions coexistantes sans relever l'une de l'autre ; que la possibilité de décisions contradictoires n'est pas plus à redouter dans l'espèce qu'au cas où les deux actions disjointes, aux termes de l'art. 184, seraient l'objet de décisions successives ; eut d'ailleurs les parties ne sont pas les mêmes.

premier jugement. L'obligation de procéder devant
le tribunal où la demande originaire est pendante
résulte de la nature de la garantie formelle qui est
la prise du fait et cause du garanti par le garant,
et il ne peut le faire que devant ce tribunal. Une fois
le garant appelé, il signifie son intervention et ses
moyens de défense par une requête au tribunal ; s'il
ne le fait pas, le garanti s'en déchargera, mais aux
risques et périls du garant, car il a le droit de veiller
à ce que son garant ne collude pas, en assistant en
cause, c'est-à-dire, d'après J o u s s e, sur l'article 10
de l'ordonnance, d'y rester seulement pour la forme,
et sans qu'on puisse rien signifier au garanti, sauf
aux autres parties à répondre à ce qui leur est signifié de sa part.

6. Mais pourra-t-il toujours jouer ce rôle d'assistant volontaire ? Si, par exemple, le garant formel
est insolvable, le demandeur originaire ne pourrait-il
pas s'opposer à la mise hors de cause du garanti
pour s'assurer les dépens et tous autres dommages-
intérêts ? Dans l'ancien droit, l'article 11 du titre 8
de l'o r d o n n a n c e, interprète fidèle des vraies notions
de la garantie formelle, permettait de répondre par
une négative explicite, parce que les dépens et dommages-intérêts n'étaient, d'après sa teneur, exécutoi-
res que contre le garanti. Au contraire, sous l'empire de notre code de procédure, la disposition

11

finale de l'article 182 peut soulever quelques doutes.

« Cependant, » y est-il dit, « le garanti, quoique mis hors de cause, pourra y assister pour
la conservation de ses droits, et le demandeur
originaire pourra demander la conservation qu'il
y reste pour la conservation des siens. »

Il n'est dit nulle part, et on ne saurait l'admettre,
que le garant formel ait à payer les dépens; donc l'article 182 veut seulement parler d'une éventualité,
comme s'il arrivait qu'au cours du procès l'assigné
en garantie ne fût pas le vrai garant.

Il reste donc incontestable, d'après les principes,
qu'en cas de garantie formelle, la mise hors de
cause du garanti doit toujours être prononcée, lorsqu'elle est requise avant le premier jugement, quand
bien même le garant serait insolvable. Il se présentera
quatre cas différents que nous allons examiner :

7. 1° Le vendeur a été appelé en garantie ; mais
il ne déclare pas prendre le fait et cause de l'acheteur, qui, de son côté, ne l'exige pas. — La garantie formelle dégénère, au point de vue de la procédure, en garantie simple. Le jugement sera prononcé
contre l'acheteur ; le vendeur, qui assistait au procès, sera par la même sentence condamné aux restitutions de droit indiquées par l'article 1630, et qui
comprennent les dépens qui auront été liquidés contre l'acheteur. C'est donc ce dernier qui supportera

ici l'insolvabilité de son garant, puisqu'il devra toujours restituer au revendiquant les frais exposés dans
l'action principale (1). Si l'acheteur craint une collusion entre le demandeur et son auteur, c'est certainement le parti le plus sage ; mais il faut que ce

(1) Cass., 30 mars 1864. — La Cour, sur le premier moyen : Attendu, en droit, que du rapprochement des articles 182 et 185, code
proc. civ., il résulte que le garant ne devient le contradicteur direct
du demandeur principal qu'autant que le garanti a demandé et obtenu sa mise hors de cause sans défendre à la demande principale ;
qu'alors seulement peuvent intervenir contre le garant, au profit du
demandeur principal, des condamnations directes en dommages-intérêts et aux dépens, et que c'est uniquement dans le cas où ces condamnations ont été prononcées directement contre le garant, que la
liquidation et l'exécution n'en peuvent être faites contre le garanti ;
attendu, en fait, que, sur la demande intentée par Georges Keiffin
contre la veuve Keiffin et consorts à fin de condamnation en délaissement d'une pièce de terre, en dommages-intérêts et aux dépens,
le maire de Bartenheim est intervenu pour déclarer qu'il s'engageait
à garantir ces derniers de toutes les suites du procès ; mais que la
veuve Keiffin et consorts, loin de requérir leur mise hors de cause,
ont défendu à la demande de Georges Keiffin, et que, par jugement
du 30 mars 1863, le tribunal de Colmar les a condamnés envers Georges Keiffin au délaissement, à 85 fr. de dommages-intérêts et aux
dépens, et a condamné le maire de Bartenheim à les tenir quittes et
indemnes des condamnations contre eux prononcées envers Georges
Keiffin ; qu'ainsi, le jugement attaqué rendu sur l'opposition de la
veuve Keiffin et consorts aux poursuites exercées par Georges Keiffin, a décidé avec raison que le poursuivant ne pouvait être ren-
voyé à agir directement et exclusivement contre le maire de Bartenheim.

dernier veuille s'y prêter ; car une fois appelé au
procès, il a le droit d'agir par lui-même dès le moment que c'est de son intérêt qu'il s'agit ; au lieu que
l'acheteur doit, d'après la loi, sortir toujours indemne
du procès et trouve même souvent un bénéfice.

8. 2° Le vendeur prenant le fait et cause de
l'acheteur, celui-ci demande sa mise hors de cause
pure et simple. Il doit le faire immédiatement, avant
toute sentence, pour ne pas assumer sur lui tout ou
partie des frais. Alors les choses vont se passer
comme si le procès avait toujours été intenté contre
le garant, qui sera condamné aux dépens (1), et dans
le cas d'insolvabilité de sa part, ce sera le revendiquant qui les supportera.

En présence d'un insolvable, c'est le parti le plus
sage, l'acquéreur n'a pas à ajouter au perdu en
payant le frais de la revendication. Seulement, si le
garanti veut exercer son action, il faudra une seconde
instance judiciaire. Quant à la première, condam-
nant au délaissement, elle est opposable à l'acquéreur quoiqu'il ait demandé sa mise hors de cause.
C'est ce que dit l'article 185 :

> Les jugements rendus contre les garants for-
> mels seront exécutoires contre les garanties.

---

(1) Nous supposons toujours qu'il succombe dans notre étude de
la garantie en cas d'éviction.

Il suffira de signifier le jugement aux garants, soit qu'ils aient été mis hors de cause, ou qu'ils y aient assisté, sans qu'il soit besoin d'autre demande ou procédure. A l'égard des dépens, dommages et intérêts, la liquidation et l'exécution ne pourront en être faites que contre les garants.

Néanmoins, en cas d'insolvabilité du garant, le garanti sera passible des dépens, à moins qu'il n'ait été mis hors de cause; il le sera aussi des dommages et intérêts, si le tribunal juge qu'il y a lieu.

9. 3° C'est le cas le plus ordinaire prévu par l'article 182 :

« Cependant le garanti, quoique mis hors de cause, pourra y assister pour la conservation de ses droits, et le demandeur originaire pourra demander qu'il y reste pour la conservation des siens. »

L'acheteur évitera ainsi l'obligation de deux instances qui peuvent être chacune devant des tribunaux différents, parce que lorsque la demande en garantie s'exerce par voie principale elle doit s'intenter devant le tribunal du domicile du défendeur comme action personnelle. Il évitera par son intervention toute collusion entre le garant et le revendiquant; mais ce dernier pourra faire mettre les frais à sa charge sans qu'il puisse exiger que les poursuites soient exercées directement contre le ga-

rant. Il aurait donc intérêt à ce que l'acheteur restât
partie jointe au procès, dans le cas où, étant possesseur de mauvaise foi, il devrait restituer les fruits,
ou lorsqu'il a détérioré l'immeuble vendu. Nous savons cependant que, malgré tous les dommages-intérêts que le revendiquant pourrait avoir à demander
à l'acheteur, il ne peut le forcer à rester au procès,
même comme partie jointe.

Si, dans ce cas, il y avait collusion entre les deux
parties principales, je pense que l'article 474 lui
permet d'employer la tierce opposition.

10. 4° L'acheteur s'est laissé évincer, il exerce son
recours par voie d'action principale. L'exercice de la
garantie dans pareilles circonstances n'offre pas de
règle spéciale. C'est le cas le plus rare parce que
c'est le moyen le plus dangereux. Voici cependant
une hypothèse prise dans Pothier où l'acheteur
peut faire le délaissement sans attendre une éviction
proprement dite. Les articles 960 à 966 lui donnent,
encore de nos jours, toute sécurité :

« Vous m'avez vendu un héritage qui vous avait été
donné par un homme qui n'avait point d'enfants, sans
me déclarer d'où il vous provenait : depuis le contrat
de vente cet homme s'est marié (1); il lui est né un en-

_____

(1) Ni l'ordonnance de 1731 ni notre Code ne l'obligent à se marier
après la donation.

fant, qui a annulé de plein droit la donation qu'il
vous en avait faite. Je lui ai fait le délai de l'héritage, sans attendre que j'y fusse condamné, ni
même assigné. Je n'ai pas moins une action de garantie contre vous ; car il suffit que je vous justifie
par le rapport de la donation qu'il vous en a été
faite, que cet homme à qui j'ai fait le délai de cet
héritage avait, en vertu de cette donation, et par
conséquent dès le temps de cette donation, et dès le
temps de la vente que vous m'avez faite, le droit in-
forme de se le faire délaisser lorsqu'il lui survien-
drait des enfants.

11. Contre ce jugement, qui prononce l'éviction et
qui est signifié au garanti lui-même, qui peut faire appel ? D'après Merlin (1), et le garant et le garanti
ont qualité pour appeler d'un jugement qui ordinairement prononce une condamnation contre chacun
d'eux. Mais il est certain qu'en matière de garantie
formelle, le principal condamné est le garant. Aussi
a-t-il été jugé avec raison que même en admettant
que le garanti a le droit de faire appel, son silence
ne peut être opposé, ni nuire au garant (2). Cepen-

---

(1) Merlin, *Questions de droit*, v° *Appel*, § 2 et suiv.

(2) Toulouse 25 janvier 1822. Attendu, en ce qui touche l'appel
du jugement du 20 août 1813 et sur la fin de non-recevoir prise de
ce que Froger n'aurait pas appelé de ce jugement, qu'à la vérité Froger n'avait pas appelé, mais qu'il est certain que Mathieu, qui a fait

dant Chauveau, contrairement à l'opinion de Bon-
cenne, de Talandier, Rivoire, etc., prétend que
le garant n'a pas le droit d'appel et invoque à l'ap-
pui d'une opinion qu'il est seul à soutenir contre
une jurisprudence constante, l'article 1640 (1).

Nous connaissons la teneur de cet article : l'obligation résultant de l'éviction, cesse lorsque l'acquéreur s'est laissé condamner par un jugement en dernier ressort, où dont l'appel n'est plus recevable ;
or n'est-il pas évident que si l'acheteur appelle son
garant après un jugement en premier ressort dont
l'appel est recevable, ce dernier devra, d'après le
principe de l'article 182, proc., faire l'appel lui-
même ? Le raisonnement de Chauveau ne peut donc
rien prouver (2).

signifier son appel dans le délai voulu par la loi, est le garant de
Froger et que cette garantie, étant accessoire à une action hypothécaire, est formelle. Or, comme il est de principe, ainsi que l'a consacré l'article 182, C. pr., qu'en matière de garantie formelle, le garant peut toujours prendre le fait et cause du garanti, il s'ensuit que
le défaut d'appel de la part du garanti ne peut être opposé ni nuire
au garant, et dès lors la fin de non-recevoir ne saurait être ac-
cueillie.

(1) Chauveau sur Carré. *Lois de la procédure civile*, q. 1581. Ancien
doyen et professeur de droit administratif à la faculté de droit de
Toulouse, c'est lui qui disait que la procédure était sa seule maî-
tresse. *Contrà* Rodière, ancien professeur à la même faculté.

(2) La jurisprudence est constante dans ce sens : Douai, 28 avril
1815 ; Toulouse, 25 janvier 1822 ; Bordeaux, 22 janvier 1827 ; Poitiers,

12. Pour ce qui est du droit d'appel du garanti, quel intérêt et quelle qualité aura l'acquéreur pour soutenir ses droits de propriétaire? Il n'est plus créancier de son vendeur, puisque nous le supposons désintéressé. Il ne peut donc se présenter qu'avec la qualité que lui donnait le contrat qui a été déclaré nul ou résolu par un jugement, Y a-t-il acquiescé en recevant les dommages-intérêts? qu'importe : Je suppose que ce jugement a été dirigé contre lui, qu'il a exercé sa demande en garantie par voie principale; ou bien qu'il s'est fait mettre hors de cause dans le premier procès; la solution sera la même. Dans notre droit, toute éviction détruit la vente, soit par l'article 1599, soit par l'article 1184; de sorte qu'à l'inverse du droit romain, où l'acheteur agissait par l'action de son contrat, et était garanti parce qu'il était acheteur, dans le droit français, ou il est acheteur ou il est garanti : c'est à lui de choisir. Il fait ce choix dès le commencement du procès,

7 décembre 1830; Cass., 12 avril 1843 ; Orléans, 30 septembre 1832; Paris, 16 mars 1838 ; Rennes, 29 août 1840 ; Bordeaux, 21 mai 1867; Cass., 2 février 1875; arrêt après délibération en chambre du Conseil : Devienne, 1ᵉʳ présid.; Mercier, rap. ; Charrins, av. gén. C. conf. Bosviel, Brugnon et Sabatier, av. Ce dernier arrêt a été rendu, il est vrai, dans une espèce où il s'agissait de garantie simple, c'est-à-dire dans un cas où le garant n'est pas obligé de prendre le fait et cause du garanti; donc, à fortiori, l'appel doit-il profiter au garanti dans le cas de contraire, c'est-à-dire dans la garantie en cas d'éviction.

la loi lui accorde huit jours pour cela. Elle lui accorde de plus une sorte d'équivalent du bénéfice d'inventaire, c'est le parti qu'il prend lorsqu'il reste au procès. Si, au contraire, il a répudié sa qualité de contractant en se faisant mettre hors de cause purement et simplement, le jugement sera pour lui : *res inter alios acta*, quoiqu'on doive l'exécuter contre lui ou plutôt contre la chose qu'il détient ; car la liquidation des frais ne le regardera pas.

Nous sommes ici en désaccord complet avec la jurisprudence, qui a été jusqu'à décider que des tiers acquéreurs, menacés d'éviction, ont le droit d'appeler d'un jugement fixant les droits d'un créancier qui a hypothèque sur l'immeuble qu'ils possèdent, alors même qu'ils n'ont pas été partie à ce jugement (1). Ce sont là, à mon avis, des cas de tierce opposition dont parle l'article 474 du code de procédure civile (2), ou bien elle n'a plus sa raison d'être, et elle fait double emploi avec l'article 1351 du code civil, comme le pensaient Merlin (3) et Proudhon (4), mais en en tirant des conclusions diffé-

(1) Poitiers, 6 juillet 1824.

(2) Art. 474. Une partie peut former tierce opposition à un jugement qui préjudicie à ses droits, et lors duquel ni elle ni ceux qu'elle représente n'ont été appelés.

(3) Répertoire, v° *Opposition tierce.*

(4) *Traité de l'usufruit.* Conf. Boitard et Colmet-Daage, *Leçons de procédure civile*, t. II, § 719, qui réfutent ces deux auteurs.

rentes (1). Les mots qui terminent cet article : « ni
ceux qu'elle représente n'ont été appelés, » peuvent
servir d'objection pour ceux qui n'admettent pas,
comme nous, la nullité de la vente par l'éviction ;
mais, d'après notre système, une fois l'objet vendu
enlevé à l'acheteur, il est certain qu'il n'a plus telle
qualité et n'est plus par conséquent le représentant à
titre particulier du vendeur, car la tierce opposition
n'a jamais l'effet suspensif dont parle l'article 457.
C'est ce que dit expressément l'article 478, qui semble prévoir notre cas :

« Les jugements passés en force de chose jugée,
portant condamnation à délaisser la possession d'un
héritage, seront exécutés contre les parties condam-
nées, nonobstant la tierce opposition et sans y pré-
judicier. »

13. Il est évident que le droit de se pourvoir en
cassation doit se régler absolument d'après les mêmes principes que le droit de faire appel. Il faut
toutefois ajouter qu'on pourra le plus souvent invoquer une fin de non-recevoir tirée de l'acquiesce-
ment du garanti, lorsque, par exemple, il se fait
mettre hors de cause. Ce sera donc une raison de

_____

(1) Proudhon la déclarait obligatoire dans les cas prévus par l'article 1351, code civ. — Merlin déclarait qu'elle est toujours facul-
tative.

plus de lui refuser la voie de cassation comme nous lui avons déjà refusé la voie de l'appel (1).

14. Jusqu'ici l'action de garantie s'est présentée à nos yeux dans sa plus grande simplicité, et pour ainsi dire d'après la théorie des trois unités d'Aristote. Nous allons maintenant voir les incidents qui peuvent la compliquer, comme l'existence de plusieurs garants ou de plusieurs garanties.

Si nous ne nous en tenons pas au temps présent, il peut y avoir plusieurs garants, en ce sens qu'une chose vendue a déjà été transmise à celui qui la vend. Comme, dans notre droit, le créancier peut de plein droit exercer les actions de son débiteur, le garant de mon garant sera mon garant, et j'aurai le droit de choisir celui qui m'offre le plus de sécurité. Pour l'appeler en cause, la loi m'accorde un délai selon les distances qui seront calculées d'après le domicile du plus éloigné. Comme la cession d'action est tacite (2), contrairement à ce qui se passait dans l'an-

(1) Voir Bernard, *Manuel des pourvois en cassation*, t. I, *Matière civile*, chap. V.

(2) Ainsi jugé, même pour un cas de garantie accidentelle, Cass., 12 juillet 1870. — La Cour, sur la première branche du second moyen, prise de la violation prétendue de l'art. 1165, code Nap.; attendu qu'aux termes de l'art. 1121, auquel se réfère l'art. 1165, on peut stipuler pour autrui, quand telle est la condition d'une stipulation que l'on fait pour soi-même ; attendu que, par la convention du 26 novembre 1859, la société des mines d'Auzits s'était obligée à garantir

cien droit, je n'aurai pas un délai spécial pour chacun jusqu'à trois. C'est l'article 175 du code de procédure qui règle la question lorsqu'il n'y a pas unité
de lieu. L'hypothèse de revente implique également
qu'il n'y aura pas unité de temps ; il faut alors observer deux principes :

L'action en garantie se prescrit par trente ans.

La garantie n'est plus due lorsque l'évincé a négligé de prescrire.

15. L'action en garantie ne peut être prescrite qu'à
compter du jour où elle est née ; or elle n'est pas
née du contrat de vente, mais de l'éviction. Si cer-

Augustin Bosc des demandes en partage de plus-value que ses héritiers pourraient un jour diriger contre lui ; qu'en revendant à la société Picq et Compagnie les biens acquis d'Augustin Bosc, la Compagnie venderesse imposa la même obligation à la Compagnie Picq ;
que c'est donc à bon droit que Vayssier, ès-noms, a été condamné à
garantir Augustin Bosc ; sur la deuxième branche : attendu que des
qualités et des termes de l'arrêt attaqué, il résulte que Vayssier n'a
pas été poursuivi et condamné comme sous-garant ; que, dès lors,
l'article 175, étant sans application à la cause, n'a pu être violé ;
Rejette... *Contrà*, Cour de Paris du 22 mars 1825, considérant que
la demande en garantie, résultat d'un contrat de vente, est une action pure personnelle, et que Plateau, dernier acquéreur, n'a pu la
diriger valablement que contre Berthault, son vendeur immédiat, a
mis et met l'appellation au néant ; émendant, décharge l'appelant
des condamnations prononcées contre lui ; au principal, déclare les
héritiers Plateau non-recevables dans la demande en garantie contré
Picant, précédent vendeur.

taines causes énumérées dans les articles 2242 et suivants ne suspendaient pas la prescription, si trente
ans était un terme fatal, la prescription libératoire et
la prescription acquisitive se confondant, les auteurs
antérieurs à cette période n'auraient aucune crainte
d'être inquiétés. Ils pourraient répondre : « Vous au-
riez dû prescrire, » ou même : « Vous avez prescrit. Les articles 2222 et 2225 s'opposent à ce que
voue renonciez à ces droits. » Si le détenteur actuel
répond : « Je n'ai pas pu acquérir ainsi, sans qu'il y ait
de ma faute, » peu importera que lui ou son ayant
cause direct l'eussent pu dans le même laps de temps.
S'il y a éviction, il n'a pu y avoir vente de la part du
précédent vendeur, et il devra avoir le droit d'agir en
garantie contre son auteur, puisque ce dernier ne lui
a pas transmis un droit complet de propriété. Au lieu
qu'en droit romain le vendeur devait assurer une
paisible possession à son acheteur ; tout le temps
qu'il avait gardé la chose, il n'avait pas effective-
ment été troublé ; ses engagements étaient tenus ;
aucun recours n'était à craindre de la part de l'acheteur actuel, à moins qu'il ne se fût fait céder son
recours au moment du contrat. Du reste, la rapidité
de l'usucapion n'amenait jamais à Rome de telles com-
plications.

16. Supposons maintenant qu'il y ait plusieurs vendeurs obligés à la garantie.

« Il n'y eut jamais, il n'y a pas encore, dans l'océan du droit, de mer plus orageuse, plus profonde, plus dangereuse que cette matière des obligations divisibles et indivisibles. Aussi, les plus grands jurisconsultes l'ont-ils considéré comme une mer impénétrable, comme un inextricable labyrinthe (1). »

Cette question, célèbre en théorie, n'est pas moins importante dans la pratique. C'est à tort que l'on prétend que l'obligation de garantie étant une obligation de faire qui se résout toujours en dommages-intérêts (2), les conséquences de l'indivisibilité sont insignifiantes. Elles peuvent être atténuées, mais notre article ne les fait pas disparaître. Ainsi, Pierre et Paul sont les héritiers d'un vendeur, l'éviction n'a eu lieu que pour la moitié indivise dont Pierre est garant. Pourra-t-on dans ce cas attaquer Paul? ou bien, il y a eu éviction pour le tout. Pierre a les moyens de réintégrer l'acquéreur en la possession de la moitié indivise dont il est garant. L'indivisibilité de son obligation s'y opposera-t-elle?

17. L'obligation est divisible ou indivisible selon

---

(1) C'est par un style aussi clair et aussi peu amphigourique, que Dumoulin introduit ses lecteurs dans l'*Extricatio labyrinthi dividui et individui*. Il faut cependant reconnaître qu'il met beaucoup plus de précision dans les invectives qu'il adresse à ses devanciers ou à ses contemporains.

(2) Eyssautier, *Revue critique. De la garantie*, t. XI.

qu'elle a pour objet ou une chose qui, dans sa livraison, ou un fait qui, dans l'exécution, est ou n'est pas
susceptible de division, soit matérielle, soit intellec-
tuelle. Ce [sont les termes de l'article 1217; l'article
suivant ajoute :

18. « L'obligation est indivisible, quoique la chose
ou le fait qui en est l'objet soit divisible par sa nature, si le rapport sous lequel elle est considérée dans
l'obligation ne la rend pas susceptible d'exécution
partielle. La chose étant livrée, il ne s'agit plus que
d'un fait ou d'une abstention. Le fait qui est la défense est parfaitement divisible; « quoi de plus
fréquent, » dit notre regretté professeur (1), « dans les
traités d'alliance entre les nations, que la promesse
de deux puissances, par exemple de fournir à un
allié commun, dans le cas où il serait attaqué, l'un
vingt mille homme, l'autre dix mille? Chacune ne
remplit-elle pas exactement son obligation en four-
nissant son contingent? »

19. L'abstention est sanctionnée par ce que l'on appelle l'exception de garantie. Un père vend, par
exemple, un héritage qui dépend de la succession de
sa femme, prédécédée, comme lui appartenant. Il
meurt, laissant pour héritier, un enfant de cette première femme et une fille issue de son second ma-

(1) Rodière, *De la divisibilité et de la solidarité.*

riage. Le fils, enfant du premier mariage, revendique contre l'acquéreur l'héritage vendu. Celui-ci lui oppose l'exception et il appelle sa sœur pour le garantir. Le fils réplique, en tant que demandeur en éviction et en tant que défendeur en garantie, qu'il veut bien s'abstenir pour sa part héréditaire seulement. Vainement l'acquéreur demandera une défense pour le tout. Peut-on prétendre qu'un garant soit jamais vraiment tenu de défendre en présence de l'article 1142? Donc, le propriétaire, héritier pour partie du vendeur garant, formerait une demande exagérée s'il poursuivait l'éviction pour le tout. Telle était l'opinion de Dumoulin, admise depuis longtemps par tous les auteurs. En effet, ou bien notre auteur vous a vendu la chose d'autrui, elle est revendiquée, mon cohéritier est appelée par vous en garantie. Il n'oubliera pas de me faire engager dans l'instance pour que j'acquitte une partie des frais (1). Comme le disait Dumoulin, on ne peut me forcer à défendre une cause injuste; donc, j'accède au jugement qui proclame la nullité, l'inefficacité de la vente; il ne saurait la proclamer pour partie. Quant aux restitutions, personne ne doute qu'elles ne se divisent.

20. Ou bien notre auteur a vendu des biens hy-

---

(1) Celui qui est appelé appellera les autres (1225). Le jugement ne constituera qu'un droit de créance.

pothéqués, si je désintéresse les créanciers pour ma
part héréditaire, est-ce que je ne remplis pas mon
obligation? Non, parce que l'éviction par hypothèque aura lieu *pro indiviso*; il me faudra quand même
payer ma part de dommages-intérêts. Il faudra
donc de plus acheter la divisibilité en demandant une
radiation partielle et en cantonnant sur une partie
de l'immeuble, si c'est possible. D'après les articles
2161 et 2162, le cantonnement amènera une réduc-
tion. Même, s'il n'y a pas cantonnement, la poursuite hypothécaire ne peut s'exercer que pour le surplus qui ne dépassera plus alors, au moins dans la
plupart des cas, le prix; et, si l'acheteur ne l'a pas
payé, il devra purger et non délaisser.

Mais, s'il a payé le prix d'acquisition, il est certain qu'il ne peut y avoir de garantie partielle sans
le cantonnement. L'indivisibilité vient ici de l'hypothèque ou de la chose elle-même.

21. Depuis notre Code jusqu'à l'ouvrage de R o -
d i è r e, personne ne s'était avisé de contester que
l'action de garantie fût indivisible. La Cour de cassation, en 1830, fit pressentir que telle pouvait être
son opinion; mais, comme en même temps elle décidait que l'exception était indivisible, son arrêt a été
toujours considéré comme antijuridique (1). Il a été

_____

(1) Le dernier arrêt sur la matière est du 14 décembre 1868. Par

combattu par Troplong (vente, t. 1, n° 434 et suivants) qui emprunte les raisons et même les termes
hautains de Dumoulin pour prouver l'indivisibilité

acte notarié du 9 décembre 1847, la dame veuve Comtat et 1° trois
de ses fils, se portant fort pour un quatrième fils, Charles Comtat,
non présent à l'acte ; 2° un petit-fils se portant également fort pour
un second petit-fils encore mineur, vendirent au sieur Briffod différents immeubles dont les vendeurs se déclaraient copropriétaires
par indivis. Les vendeurs s'engageaient envers l'acheteur à le garantir solidairement de toute éviction.

Charles Comtat, prétendant que les immeubles ainsi vendus, sauf
sa ratification, lui appartenaient exclusivement en vertu d'un acte
de partage du 30 juillet 1841, refusa d'en ratifier la vente ; après le
décès de sa mère, la veuve Comtat, il revendiqua ces immeubles contre le sieur Briffod.

Le 19 décembre 1866, jugement du tribunal de Bonneville qui, ac-
cueillant cette action, condamne le sieur Briffod au délaissement des immeubles revendiqués, sauf son recours en garantie contre ses vendeurs.

Mais, sur l'appel, arrêt infirmatif de la Cour de Chambéry du 30
août 1867, qui déclare l'action de Charles Comtat non-recevable...

Attendu que l'obligation de garantie est l'une des conditions essen-
tielles du contrat de vente et a pour effet d'assurer à l'acquéreur la
paisible possession de l'immeuble vendu ; attendu qu'elle ne saurait
être divisée entre les héritiers du vendeur, lorsque, comme dans
l'espèce, son indivisibilité résulte de la nature de la chose vendue et
de la commune intention des parties ; attendu que l'arrêt attaqué, en
déclarant, en l'état des faits, le demandeur, héritier pour partie de
l'un des vendeurs, non recevable dans son action en revendication,
n'a fait qu'une juste application de l'art. 1221, code Nap., et n'a
violé aucune des autres dispositions de la loi invoquées par le pour-
voi, — Rejette.

de la garantie. Il n'a cependant pas son excuse. D u -
m o u l i n et P o t h i e r se sont trompés sur le sens
des textes du droit romain, en soutenant qu'ils admettent l'indivisibilité; alors qu'il n'est question dans
ces textes que de l'indivisibilité de la condition dans
le cas de la forme rigoureuse de la *stipulatio duplæ* (1).

Cette erreur de D u m o u l i n , « pour qui l'équité
luisait comme le soleil, » le fit se débattre entre le
Digeste et le Code comme *dans une mer profonde* et
un inextricable labyrinthe (2). Aujourd'hui, si la jurisprudence n'a pas encore changé, on peut dire
que la doctrine est unanime à reconnaître la divisibilité de l'obligation de garantie. C'est à R o d i è r e que
nous devons cette opinion en même temps si juridique et si équitable (3).

---

(1) Cod., L. 14, *De Rei. Vind.*, III, 32. — Dig., L. 85, § 5, *De verb.
oblig.*, XLV, 1. Cf. L. 139, *hoc tit.*

(2) Alciat avait déclaré l'obligation de défendre divisible ou non selon l'objet (Dig., 5. XLV. 1. Cato. n. 156). Voici, du reste, les auteurs
qui se sont occupés de la question dans l'ancien droit : Fachinée,
Contr. juris, X, 55 ; Argentré, *Cout. de Bretagne*, 419 ; Pothier, *Vente;*
Lebrun, *Succession*, IV, 2, sect. 4, n. 27 ; Voet, *Pand.*, *De r. vend.*,
n° 16 ; Duval, *De rebus dubiis, tract.* 3. *De evict.*, 2 ; Duperrier, *Question notable*, 1, p. 9.

(3) Pour la jurisprudence, voir civ. rej., 19 février 1811 ; req., 5
janvier 1815, 11 août 1830 et 14 janvier 1840 ; Nancy, 2 mai 1833 ;
Rouen, 25 avril et 22 mai 1839 ; D. A. 12. 447. 448 ; D. P. 11. t. 168:

CHAPITRE VI.

DES EFFETS DE LA GARANTIE.

SOMMAIRE.

1. Nous arrivons à la solution de l'obligation de garantie. A l'heure qu'il est, l'éviction s'est accomplie, un jugement passé en force de chose jugée a annulé ou résolu le contrat. Le prétendu vendeur

15, t. 169 ; 30. t. 345 ; 40. t. 122 ; 2. 44. — V. aussi Bruxelles, 3 janvier 1815, D. A. 12. 880 ; D. P. 2. 1465. Cassation, Belgique, 5 juin 1856. — Pour la doctrine, Eyssaulier, *Revue critique*, 1857, XI, p. 318 et 498. Labatut, *Principes de la garantie en matière de vente.* — Avant Rodière, *De la solidarité et de l'indivisibilité*, Duranton, XI, 265 et XVI, 255, avait déjà soutenu la divisibilité.

n'est plus tenu que de l'obligation que lui impose l'article 1630, qui indique ainsi la manière de solder la garantie :

Lorsque la garantie a été promise ou qu'il n'a rien été stipulé à ce sujet, si l'acquéreur est évincé, il a droit de demander contre le vendeur :

1° La restitution du prix ;

2° Celle des fruits, lorsqu'il est obligé de les rendre au propriétaire qui l'évince ;

3° Les frais faits sur la demande en garantie de l'acheteur, et ceux faits par le demandeur originaire ;

4° Enfin les dommages et intérêts ainsi que les frais et loyaux coûts du contrat.

2. 1° La restitution du prix. — Les rédacteurs du Code ont distingué avec Dumoulin (1) l'obligation de restituer le prix et celle de réparer les dommages causés par l'éviction. Pour obtenir la restitution, il suffit, dit-on, d'invoquer une *condictio sine causa*. On ne pourrait le faire, vraiment, que dans le cas de la vente de la chose d'autrui ; alors, c'est l'article 1599 qui fera vendre le prix. Dans les autres cas d'éviction, au contraire, l'hypothèque par exemple, il y a bien toujours eu transmission d'un droit

_____

(1) *De eo quod interest*, n° 68.

de propriété. La part de l'acheteur nous semble ici trop belle (1). La garantie ne devrait jamais donner lieu qu'à la réparation des dommages-intérêts. Cette réparation sera le prix de la vente dans la plupart des cas, à moins que la chose ait diminué de valeur, qu'elle ait subi des détériorations ou qu'elle ait péri en partie, soit par cas fortuit, soit par la négligence du vendeur. Mais l'article 1631 s'oppose à cette doctrine. Dans tous ces cas, le prix devra être restitué sans discussion.

3. Cette doctrine, qui prend son origine dans une erreur d'interprétation du droit romain, commise par Dumoulin et répétée par Pothier, a fait accuser les législateurs français d'inconséquence. On aurait voulu qu'il continuât à appliquer le même principe dans le cas d'éviction partielle, au lieu que l'article 1637 dit :

« Si, dans le cas d'éviction d'une partie du fonds vendu, la vente n'est pas résiliée (d'après l'article précédent), la valeur de la vente dont l'acquéreur se trouve évincé, lui est remboursée suivant l'estimation à l'époque de l'éviction, et non proportionnellement au prix total de la vente,

---

(1) La Cour de cassation a décidé, à la date du 12 avril 1869, que l'acquéreur évincé, qui connaissait l'existence d'une saisie antérieure de l'immeuble vendu, n'est pas fondé à réclamer du vendeur les frais et loyaux coûts du contrat. D. 72. 1. 31.

soit que la chose vendue ait augmenté ou diminué de valeur. »

En déclarant la vente de la chose d'autrui non ave-
nue, le code civil ne devait plus suivre dans ce cas
d'éviction, qui aura lieu par la revendication et non
par une action hypothécaire, la théorie qu'il a adoptée pour la garantie *stricto sensu*, mais celle de la
perte de la chose vendue.

Je vous vends une maison, et, au moment de la
vente, une partie devient la proie des flammes. Les
jurisconsultes romains distinguaient si c'était la partie la plus considérable de l'édifice qui avait été dé-
truite ou non (1). Dans le premier cas, l'acheteur
n'était pas obligé à tenir son marché. Dans le second,
la vente tenait encore ; mais les dommages appréciés
par experts étaient défalqués du prix. De même dans
le cas d'éviction partielle, l'acheteur. aura droit à des
dommages-intérêts, mais non pas à une partie du
prix. Comme le dit Marcadé, on ne peut pas permettre à une personne de justifier d'une portion du prix
de la vente d'une chose qui ne lui appartenait pas.
S'il n'y a pas de vente sans prix, on peut également
dire qu'il n'y a pas de prix sans vente. Or, la partie
évincée n'a pas été vendue. La revendication est considérée comme une dégradation imputable au vendeur.

(1) Paul, L. 57.

Nous savons qu'en droit français l'objet de la vente
n'est pas le champ, la maison vendus, mais la propriété du champ, de la maison. Si donc un hectare
du champ est revendiqué, on a toujours la propriété
d'un champ, mais d'un champ de moindre étendue :
comme si les eaux en avaient enlevé une partie. Au
lieu que si la réclamation vient d'un copropriétaire, on
a acheté la propriété entière et il n'en reste plus que
le tiers ou la moitié. La copropriété n'est pas la propriété. D'où je conclus que quelque minime que soit
la part indivise réclamée, la vente est nulle ; mais
elle n'est pas sans objet, puisque le vendeur a pu
parfaitement aliéner sa part de droit sur l'objet
vendu. C'est alors le cas de dire qu'il y a eu erreur
sur la qualité substantielle. D'après l'article 1636,
l'acheteur peut faire résilier la vente. S'il la main-
tient, comme disait Beaumanoir, il faudra forcer le
vendeur à lui procurer la chose. Voilà pourquoi,
d'après l'article 1637, la valeur de la partie dont
l'acquéreur se trouve évincé, lui est remboursée suivant l'estimation à l'époque de l'éviction, c'est-à-dire
que sans avoir égard au prix qu'il a payé au vendeur,
ce dernier lui devra ce qui a été payé au moment de
la licitation. C'est en vain que Delvincourt (1) a
cherché à rétablir les anciens principes dans le cas

(1) Voir tome III, n° 149, aux notes.

d'éviction *pro indiviso*. Le copartageant qui se rend
propriétaire est censé l'avoir toujours été par l'effet
déclaratif du partage.

Remarquons, pour terminer, que l'éviction d'une
partie, accompagnée de la perte de l'autre, est, en
droit français, une éviction totale.

4. La théorie que nous venons de présenter est
tout à fait conforme à la logique. En effet, ou bien
l'éviction est le résultat d'une revendication, et alors
c'est le principe posé dans l'article 1599 qui exige
cette restitution ; ou bien c'est par suite d'une action
hypothécaire, et c'est la condition résolutoire tacite
admise dans notre droit par l'article 1184, contrairement à ce qui se passait à Rome, qui commande
cette restitution.

Il en résulte que, dans le premier cas, le prix
n'étant répété que par suite de la *condictio indebiti*,
à laquelle on peut, sans trop d'inconvénients, donner le nom d'action de garantie ; elle pourra être
dirigée même contre ceux qui ne sont pas tenus de cette obligation, par exemple contre les
créanciers hypothécaires, auxquels une sorte de
tradition *brevi manu* du prix a été faite par le vendeur, alors que les créanciers chirographaires agis-
sent en vertu d'un mandat tacite dans la saisie immobilière.

On objecte que si l'acheteur a payé indûment, les

créanciers, eux, n'ont pas reçu l'indû, puisque leur créance hypothécaire était sérieuse.

Remarquons, du reste, que ce n'est pas en vertu de l'action de garantie que l'acheteur réclame le prix. La garantie est toujours exceptée dans le cahier des charges de ces saisies, d'après nos anciennes coutumes, sur les ventes par décret. Mais l'éviction amène toujours ou l'inexistence de la vente, ou sa résolution en droit français. C'est ce qui fait que le prix est toujours dû, malgré toutes les clauses. On ajoute que, dans la plupart des cas, l'acheteur n'aura que l'action du mandat ou de gestion d'affaire, la répétition contre les créanciers se trouvant paralysée par le deuxième alinéa de l'article 1377, qui dispose en ces termes :

« Néanmoins ce droit cesse dans le cas où le créancier a supprimé son titre par suite de paiement, sauf le recours de celui qui a payé contre le véritable débiteur (1). »

_____

(1) Lyon, 15 décembre 1841. *Contrà* Riom, 20 mai 1851. — Par jugement du 11 août 1849, le tribunal de Clermont-Ferrand avait statué en ces termes : « Attendu que le sieur Chatouru de Boisgarnier était créancier inscrit sur le domaine des Martres-d'Artières, adjugé à Lavérine, et qu'en cette qualité il a été colloqué sur le prix de cet immeuble ; attendu qu'en touchant le montant de sa collocation il n'a fait que recevoir ce qui lui était bien et légitiment dû par Henri d'Espinchal ; attendu que Lavérine ayant payé, au nom et en l'acquit de ce dernier, ne saurait avoir plus de droit vis-à-vis Chatouru

M. Bufnoir n'admet pas cette doctrine : les créanciers ayant un droit *in rem* n'ont pu recevoir

de Boisgarnier que n'en aurait le débiteur lui-même ; que le paiement doit être considéré comme ayant été fait à M. d'Espinchal, lequel se serait ensuite libéré envers son créancier ; attendu, dès lors, qu'il n'y a pas eu de paiement fait par erreur, que c'est à tort que Lavérine invoque le paiement fait par erreur et que c'est à tort aussi que Lavérine invoque le § 1 de l'art. 1377, code Nap. ; attendu, dans tous les cas, que le second paragraphe de cet article, portant que l'action en répétition ne peut être exercée lorsque le créancier a supprimé son titre, met le sieur Chatouru de Boisgarnier à l'abri de toute recherche de la part de Lavérine ; attendu, en effet, que ce créancier avait une hypothèque inscrite lui assurant un rang utile sur d'autres immeubles que le demaine de Martres-d'Artières ; que, par suite du paiement effectué par Lavérine, il a dû donner mainlevée de son inscription jusqu'à due concurrence de la somme payée, ce qui l'a mis dans l'impossibilité de faire valoir ses droits sur d'autres immeubles qui étaient son gage, et dont le prix, distribué judiciairement au tribunal de Saint-Flour, était plus que suffisant pour désintéresser de Boisgarnier, qui était le premier créancier inscrit ; que c'est là une véritable suppression de titres, dans le sens du dernier paragraphe de l'article 1377, cod. Nap. ; par ces motifs, etc..., appel : La Cour, attendu qu'aux termes de l'article 1377, code Nap., lorsqu'une personne qui se croyait débitrice a payé au créancier qui, par suite du paiement, a réduit ou supprimé son titre, la répétition de la somme non due ne peut être exercée contre le créancier ; que cette disparition est fondée sur ce principe, que le dommage doit être supporté par l'auteur du fait qui l'a occasionné ; attendu que l'adjudicataire des biens immeubles, parmi lesquels il s'en trouve qui n'appartenaient pas à la partie saisie, lorsqu'il paie la totalité de son prix aux créanciers inscrits, d'après un ordre judiciaire, ne peut pas répéter contre les derniers créanciers colloqués le montant de

de l'acheteur comme d'un mandataire. Ce mandat était inutile. Ç'eût été, dans tous les cas, un mandat

la valeur des immeubles qu'il a été condamné à délaisser parce qu'ils n'appartenaient pas à la partie saisie, si ces créanciers, par suite du paiement qu'ils ont reçu, ont consenti à la radiation de leurs inscriptions ou ont été obligés d'imputer sur leur créance la part qu'ils avaient reçue, en produisant dans l'ordre du prix d'autres biens immeubles qui appartenaient aussi à leur débiteur et sur lesquels leurs inscriptions, maintenues pour le tout, leur auraient fourni le moyen d'être payés intégralement ; que le premier adjudicataire a à se reprocher de n'avoir pas vérifié si les immeubles saisis étaient la propriété exclusive du débiteur saisi, et d'avoir, par sa négligence, occasionné la suppression des titres des créanciers qui n'auraient pas été payés sur le premier prix des immeubles saisis, si l'on en avait retranché la valeur des immeubles dont le délaissement aurait été ordonné, mais qui aurait obtenu une collocation pour la totalité de leurs créances, s'ils avaient conservé leurs titres sur les autres biens immeubles de leur débiteur ; attendu qu'il résulte des renseignements produits et qui n'ont pas été contredits : 1° que l'hypothèque de Boisgarnier ne reposait pas spécialement sur les immeubles dont le désistement avait été obtenu, mais d'une manière générale sur tous les immeubles qui composaient le domaine de Martres-d'Artières ; que, par conséquent, cette hypothèque n'a pu contribuer à l'erreur qui a été commise de comprendre dans la saisie les immeubles revendiqués, et dont l'aliénation était entachée de nullité ; 2° que si de Boisgarnier n'avait pas été obligé de réduire son hypothèque, et par suite sa créance, du montant de la somme pour laquelle il avait obtenu une allocation utile dans l'ordre ouvert devant le tribunal de Clermont, il aurait été colloqué utilement pour la totalité de sa créance dans l'ordre ouvert devant le tribunal de Saint-Flour, puisque la somme qui était à distribuer après l'allocation faite au profit de Boisgarnier, pour ce qui lui restait dû, dépassait le montant de sa collocation dans l'ordre de Clermont. Par ces motifs, etc.

forcé que la loi ne reconnaît pas. Ils ont donc reçu le paiement de l'acheteur en tant qu'acheteur ; l'erreur vient plutôt de leur part. Du reste, d'après l'article 1236, ils ne pouvaient pas recevoir le paiement ; car il a eté fait par l'acheteur agissant en son nom, et il est subrogé aux droits des créanciers d'après l'article 1251.

5. L'adjudicataire sur saisie d'un immeuble évincé poursuivra également son prix contre le poursuivant et les autres créanciers qui ont reçu indûment, puisque c'est en vertu d'un droit de gage qu'ils n'avaient pas (1). Cette solution me paraît beaucoup plus équitable que celle de l'ancien droit, qui décidait que « le poursuivant criée n'est garant de rien fors des solemnités d'icelles » (Arrêt du parlement de Paris, 4 mars 1554) (2).

> « Si l'immeuble a subi des dégradations dont l'acheteur a profité, la restitution devra être diminuée d'autant (art. 1632), à moins qu'elles ne donnent lieu à une indemnité que l'évincé a été condamné à payer au propriétaire. »

Alors il s'établira une compensation.

---

(1) *Contrà* Rodière, *Procéd.*, II, n° 298. — Chauveau, q. 2409. — Cassation, 28 mars 1862.

(2) Comparez, pour le droit romain, Cujas, *Ad tit. codicis creditorem pignoris.*

6. Il semble, à première vue, que l'acheteur n'a rien de plus à réclamer ; car si l'acheteur de la chose d'autrui est de bonne foi, il gagne les fruits en vertu de l'article 549, puisqu'il possède en vertu d'un titre qui est bien en lui-même translatif de propriété ; s'il est de mauvaise foi, l'article 1599 lui refuse toute indemnité. Mais il faut remarquer que la bonne foi qui fait gagner les fruits s'affirme au moment de la perception et qu'elle a pu cesser depuis la vente. Dans tous les cas, elle n'a pu survivre au commencement de l'instance, et de ce chef l'évincé aura toujours une réclamation à exercer.

Quant aux frais de l'instance, ils ne sont pas dus à l'acheteur, si son vendeur l'a engagé à ne pas y défendre ; s'il continue à plaider, c'est à ses risques et périls.

7. Pour les autres dommages-intérêts, les frais et loyaux-coûts du contrat, il faut appliquer les articles 1149 et suivants. Ils sont dus jusqu'à concurrence du *damnum emergens, lucrum cessans*. Donc, si la chose vendue a augmenté de prix, le vendeur lui doit le surplus (art. 1633). Cette augmentation serait-elle le résultat d'un cas fortuit, contrairement à l'opinion de Pothier et à notre article 1150, qui ne restreint les dommages-intérêts que quant à leur genre et nullement quant à leur étendue ; elle est toujours sensée prévue dans le contrat de vente.

Ajoutons que quelle que soit l'opinion que l'on
adopte sur la question de bonne ou de mauvaise foi
nécessaire à l'application de l'article 1150, si l'éviction résulte d'une revendication, l'article 1382 fera
largement obtenir à l'acheteur tout ce qu'il espé-
rait (1).

Mais seul, l'acheteur de bonne foi qui a fait des
dépenses voluptuaires, ayant droit de réclamer de
ceux qui l'évincent ou la plus-value, ou les sommes
qu'il a dépensées, aura son recours pour le reste par
l'action en garantie.

8. Si l'éviction atteint un sous-acheteur agissant
en garantie contre le premier vendeur, l'article 1630
décide que c'est son prix de vente qu'il obtiendra.
En effet, s'il est cessionnaire de son vendeur, il ne
l'est toutefois que pour sa plus grande commodité et
sûreté. Je ne pense donc pas qu'il puisse en tirer bénéfice, car il ne doit être cessionnaire que jusqu'à
concurrence de la somme qu'il a déboursée.

Pothier disait déjà que le second acheteur pourrait, en offrant de me quitter ce que je lui dois de

(1) Le législateur s'est écarté ici de ce qu'enseignait Pothier (*Venet*,
n°s 132 et suiv., 4e objet), qui faisait une distinction entre la bonne
et la mauvaise foi : « Observez, » dit-il en finissant, « que pour la
liquidation et estimation de ces dommages, on doit user de beaucoup
plus de modération à l'égard d'un vendeur de bonne foi qu'à l'égard
d'un vendeur de mauvaise foi. »

mon chef, être reçu à exercer en ma place et à son
profit mes actions contre le premier vendeur pour la
restitution du prix de la première vente. Cela paraissait renfermé dans l'obligation de *præstare rem ha-*
bere licere, et D u m o u l i n (1) pensait qu'une fois le
second acheteur évincé, le premier pouvait réclamer
son prix d'achat bien qu'il fût plus élevé, ce qui n'est
pas soutenable ni au point de vue du droit, ni au
point de vue de l'équité ; au lieu que notre Code, en
admettant une cession d'action *pro eo quod interest*,
a parfaitement suivi les règles du bon sens.

(1) Molin., *Tr.*, *De eo quod interest*, nᵒˢ 149 et suiv.

CHAPITRE VII.

CONCLUSION.

Après avoir examiné les faits, qui sont ici le droit, dans notre législation et dans celles qui l'ont précédée, il est d'usage de conclure à quelques modifications à apporter à nos codes. Moins exigeant, mais plus ambitieux, cet *appendice* ne tendrait qu'à en obtenir une seule, mais radicale : c'est la suppression des articles 1628 et suivants, qui ne sont qu'une superfétation à l'article 1599. C'est-à-dire que nos législateurs ayant cumulé les règles du droit romain et les prohibitions du droit germanique, nous voudrions leur voir faire choix entre l'*inaliénabilité* de la chose d'autrui et la *garantie*, sans cacher notre préférence pour le premier système.

1. La garantie, obligation qui n'a même pas un nom particulier en droit romain, est devenue dans notre droit coutumier l'essence même du contrat de vente où la maxime : *Ne garantit pas qui ne veut*, doit être rejetée au moins dans son sens trop absolu. L'acheteur qui pouvait quelquefois perdre à l'éviction à Rome ne peut qu'y gagner en France, puisque d'après Dumoulin (1) le prix, qui doit toujours lui être rendu, est distinct des dommages-intérêts auxquels il peut, en outre, avoir droit. Cette différence peut s'expliquer par l'état économique des deux époques.

Commençons par les Romains.

2. Alexandre, dit M. Duruy (2), mobilisa une première fois les trésors accumulés en lingots par les monarques de la Chaldée, de l'Assyrie et de la Perse, plus de deux milliards de numéraire. Mais à cause de la lenteur de la circulation monétaire, alors que le papier de crédit n'existait pas, les Romains eurent le temps de recueillir une bonne partie de ces richesses par la conquête de la Macédoine, de Pergame, de la Syrie, de l'Egypte. Il s'y ajouta tout ce que les proconsuls trouvèrent à prendre en Sicile, à Carthage,

(1) Molin., *De eo quod interest*, 68 et 69. *Contrà* Domat, 1, t. II, *Du contrat de vente*, sect. X, n° 15, et Caillet.

(2) *Histoire des Romains*, t. V. Lecture à l'Académie des inscriptions et belles-lettres, séance du 22 juillet 1876.

en Gaule. Le pillage de Carthage valut au trésor romain 726,000 livres d'or et 867,000 d'argent, c'est-à-dire 750 millions. Marius en apporta de Numidie 34 et César 400 de la Gaule (1). Ajoutez à cela que les mines d'Espagne seules livraient tous les ans à Rome 22 millions environ. César, dit Pline l'Ancien, pendant la guerre civile tira du trésor public quinze mille livres en lingots d'or, trente-cinq mille en lingots d'argent et en numéraire quarante millions de sesterces (2). Ces chiffres prouvent avec éloquence que les Romains devaient être des acheteurs passionnés (3). Le mépris de l'industrie qu'imposa aux hommes libres l'esclavage, la prétendue immoralité du prêt à intérêt que leurs auteurs appelaient *quæstuosa segnitia*, tout les attirait vers la propriété territoriale avec cette convoitise qui a produit les *latifundia*, la perte de la partie la plus fertile de l'Europe, au dire de Pline. Sans doute l'extorsion contribua

---

(1) « I. Cæsar in Gallia fana templaque Deorum donis referta expilavit, urbes diruit, sæpius ob prædam quam ob delictum : Unde factum ut auro abundaret. » Suétone, *I. Cæsar.*, LIV.

(2) Pline l'Ancien, XXXIII, 17. On trouve des chiffres très-intéressants sur l'abondance de numéraire chez les Romains dans tout le livre qui est consacré aux métaux.

(3) Une autre preuve se trouve dans les prix. D'après Columelle, l'hectare de vigne valait 1,200 fr. environ ; 267 fr. le jugère.

Voir, pour tous ces prix, Dureau de La Malle, t. II, p. 93 et suiv. *Econ. polit. chez les Romains.*

beaucoup à l'établissement de la grande propriété ;
mais je doute qu'avec de si grandes richesses métal-
liques et le respect qu'ils avaient pour la propriété
foncière, les Romains aient commencé par la violence ; ils faisaient certainement des offres et c'était
le vendeur qui dictait la loi (1). En échange de cet
or, dont il ne savait que faire, l'acquéreur trop
heureux d'avoir un *heredium* de plus, n'exigeait pas
une lourde obligation de la part du vendeur. Peu lui
importait qu'il fût le propriétaire, pourvu que par
transaction ou compromis on lui assurât la possession pendant quelques années ; il saurait bientôt se
défendre lui-même. Cependant lorsque le temps pour
prescrire fut plus long, l'acheteur estima sa perte en
cas d'éviction au double du prix de vente ; c'est-à-dire

(1) Cicéron, dans sa IVᵉ Verrine (*De signis*), convient bien que le
modèle des préteurs, tout en employant son influence pour se faire
vendre, payait et payait bien :

« Emi inquit : O dii immortales ! præclaram defensionem ! merca-
torem cum imperio ac securibus in provinciam misimus : qui omnia
signa, tabulas pictas, omne argentum, aurum, ebur, gemmas coeme-
ret ; nihil cuiquam relinqueret. Hæc enim mihi ad omnia defensio pa-
tefieri videtur, emisse. Primum, si id, quod vis, tibi ego concedam,
ut emeris, quoniam in toto hoc genere hac una defensione usurus es ;
quero, cujusmodi tu judicia Romæ putaris esse, si tibi hoc quem-
quam concessurum putasti, te in prætura atque imperio, tot res
tam pretiosas, omnes denique res, quæ alicujus pretii fuerint, tota
ex provincia coemisse » (Cicéron, *De signis*, 4).

que dans l'espace d'une vingtaine d'années au plus,
la valeur de la monnaie comparée à celle des terres
valait deux fois moins. Ainsi, dans le système de la
législation romaine, on peut dire que le remboursement dû en cas d'éviction, sera le prix de la chose
à ce jour. Dans les derniers temps, alors que la propriété fut une sorte d'objet de luxe, le vendeur devait toujours plus que le prix ; mais au commencement on peut comprendre qu'il dût moins rendre
que ce qu'il avait reçu.

3. En France, au contraire, le vendeur devra toujours rendre le prix, et les évictions seront beaucoup plus fréquentes soit par l'effet de la nullité de
la vente de la chose d'autrui, soit par l'effet des retraits. La raison en est que lorsqu'on emprunte, on
doit d'abord la somme prêtée, et que la vente n'était
qu'un prêt déguisé. Aristote (1) était d'accord avec

---

(1) Aristote dit : « L'argent ne devrait servir qu'à l'échange ; l'intérêt de l'argent est issu de l'argent ; c'est de toutes les acquisitions
la plus contre nature. » Et saint Matthieu, « Ceteris mutuum date nihil
inde sperantes... » Calvin réfuta l'argument d'Aristote : L'argent,
dit-on, n'enfante pas l'argent. Et la mer le produit-elle ? Est-il le
fruit d'une maison pour laquelle pourtant je reçois un loyer ? (Lettres de Calvin.) Le chancelier Gerson disait de son côté : « Il ne faut
pas reprocher à la loi civile d'être contraire à la loi ecclésiastique
lorsqu'elle tolère certaines usures » (De contract., t. III, p. 183). Enfin,
le fameux Buridan prétendait qu'on devait l'autoriser ou la défendre
selon les cas. Sans vouloir amoindrir l'argument de Calvin tiré de la

saint Matthieu pour défendre le prêt à intérèt.
Bien que la loi civile fût assez disposée à la tolérer,
la richesse le plus productive fut au moyen âge et
pendant la Renaissance la richesse territoriale. On
ne s'en dessaisissait que par grande nécessité, comme
le dit Beaumanoir dans le protocole de vente qu'il
nous a laissé. *Invidia penes emptorem est, inopia
penes venditorem est,* dit Salvien (1), évêque de Marseille (lib. V, *De Providentia*). La vente n'étant alors
qu'un prêt sur gage, nous comprenons pourquoi
l'acheteur n'avait aucun répit (2) pour payer son
prix. La rescision pour lésion, l'obligation de restituer le prix en cas d'éviction sont ainsi faciles à expliquer.

4. Mais aujourd'hui, la propriété immobilière est
le moins rémunérateur des capitaux, lorsqu'elle n'est
pas jointe à une industrie. L'institution du crédit

---

stérilité de la mer au point de vue de l'argent, nous pouvons dire que
la science lui donne aujourd'hui un démenti. La mer tient en disso-
lution des sels d'argent qui sont isolés par le sulfure de plomb (Sta-
nislas Munier, *Etude sur les sulfures naturels*).

(1) Célèbre écrivain ecclésiastique, surnommé le Maître des évê-
ques, né à Trèves ou à Cologne vers 390, mort, en 484, à Marseille.
Son principal ouvrage est *De gubernatione Dei*, ou *De providentia*,
inspiré par l'invasion barbare.

(2) Buridan, *Sur Rheims*, tit. 16, art. 392, jurisconsulte du dix-sep-
tième siècle, diffère de Buridan philosophe scolastique du quatorzième siècle, que nous avons cité précédemment.

foncier, notre régime hypothécaire permettent de trouver de l'argent sans recourir à une vente forcée. Après avoir subi de nombreuses vicissitudes (1), la propriété du sol et sa transmission semblent maintenant assez bien garanties pour que l'éviction tende à devenir un mythe et nos quelques articles touchant la garantie un arsenal inutile. A les modifier, il faudrait leur enlever cette importance qu'ils tiennent de l'esprit du code civil lui-même, qui consiste à présumer toujours la volonté des parties, et de l'époque où ils furent édictés. Il faudrait, en un mot, les réduire à ce précepte, le plus sage qu'aucun législateur ait jamais proclamé et à la fois le plus savant : *Uti lingua nuncupassit, ita jus esto.*

---

(1) Au lendemain de la Révolution française qui, bouleversant personnes et choses, tranchant la tête aux fils de ces seigneurs féodaux, confisquant leurs biens parce qu'ils fuyaient l'échafaud, enlevant au clergé des terres magnifiques que lui-même avait soustraites à des mourants assiégés de remords, a donné le tout au premier venu, pour quel prix ? Pour un papier tellement avili que ce qui servait à payer une terre n'aurait pas servi à nourrir quelques jours une famille (Thiers, *De la propriété*, I. *Du droit de propriété*).

TABLE DES MATIÈRES.

CHAPITRE V.

DES EFFETS DU RECOURS.

2ᵉ PARTIE — DROIT COUTUMIER

3ᵉ PARTIE — DROIT FRANÇAIS

CHAPITRE PREMIER.

INTRODUCTION.

CHAPITRE II

GARANTIE ESSENTIELLE.

CHAPITRE III.

DE LA GARANTIE DE DROIT.

CHAPITRE IV.

GARANTIE ACCIDENTELLE.

CHAPITRE V.

PROCÉDURE.

CHAPITRE VI.

DES EFFETS DE LA GARANTIE.

CHAPITRE VII.

CONCLUSION.

FIN DE LA TABLE DES MATIÈRES.

www.ingramcontent.com/pod-product-compliance
Lightning Source LLC
Chambersburg PA
CBHW070519200326
41519CB00013B/2860